EL EQUIPO EMPIEZA CONTIGO

LIDERAR CON SENTIDO, HUMANIDAD Y PROPÓSITO

El Equipo empieza contigo

Liderar con sentido, humanidad y propósito

Beatriz Castro Serrano

Círculo Rojo
EDITORIAL

Primera edición: Noviembre de 2025

Depósito legal: SE 2605-2025

ISBN: 979-13-7035-060-4

Impresión y encuadernación: Editorial Círculo Rojo

© Del texto: Beatriz Castro Serrano
© Imagen de portada: Stephen Walker
© Maquetación y diseño: Equipo de Editorial Círculo Rojo

Editorial Círculo Rojo
www.editorialcirculorojo.com
info@editorialcirculorojo.com

Impreso en España — Printed in Spain

Para ti, papá.

Porque no hay día que no piense en ti.
Porque fuiste el hombre más honesto y bueno
que he conocido.
Porque me enseñaste que las cosas se consi-
guen con trabajo y esfuerzo.

Te echo muchísimo de menos

Introducción —
Liderar con sentido, desde la experiencia

Este libro no está escrito desde la perfección ni desde una torre de conocimiento teórico. Surge de una necesidad urgente y documentada: según McKinsey Global Institute (2024), el 73 % de los empleados considera dejar su empleo debido a un mal liderazgo. Esta estadística no es solo un número: representa millones de conversaciones no tenidas, potencial desperdiciado y culturas organizacionales fracturadas.

Detrás de cada cifra hay una historia humana. Una persona que llegó un lunes por la mañana con menos energía que el viernes anterior. Un talento que se marchó porque no se sintió visto. Un equipo que dejó de innovar porque el miedo pesaba más que la curiosidad.

La realidad es que el liderazgo tradicional está en crisis, y los datos lo confirman.

No me considero una experta en liderazgo. Me considero una persona curiosa, que lleva más de veinte años trabajando con personas, observando lo que funciona, escuchando lo que duele y aprendiendo de cada historia. He leído mucho, sí. Pero lo que comparto aquí nace sobre todo de lo que he vivido, de lo que he visto en las empresas, en los equipos, en las conversaciones reales.

Este libro es una invitación a mirar el liderazgo con ojos más humanos. A dejar de pensar que liderar es tener todas las respuestas o controlar cada detalle. Liderar es acompañar. Es influir con coherencia. Es tomar decisiones con propósito. Es saber estar.

Aquí encontrarás ideas prácticas, preguntas que invitan a pensar, herramientas que uso cada día en formaciones, mentorías y sesiones con líderes reales. No pretendo darte una receta mágica. Te comparto lo que a mí me ha servido y lo que he visto que transforma los equipos desde dentro.

Este libro es para ti si estás liderando personas o si estás a punto de hacerlo. Si te haces preguntas sobre cómo hacerlo bien o si a veces sientes que liderar te queda grande. Es para ti si sabes que puedes crecer y si quieres hacerlo desde un lugar auténtico, respetuoso y consciente.

Gracias por estar aquí. Por querer liderar mejor. Por saber que el liderazgo no es una posición, sino una actitud.

Capítulo 1 —
Fundamentos del Liderazgo

Empieza con el porqué: el alma del liderazgo

El liderazgo no depende de un cargo, sino de una actitud. Liderar es querer influir de forma positiva en las personas con las que trabajas. El papel del líder es ser un facilitador: proporcionar a su equipo todo lo que necesita para que cada persona pueda desarrollar su máximo potencial. Es crear un entorno donde las personas no solo cumplan con su trabajo, sino que también puedan pensar, aportar y crecer.

Hoy, más que nunca, necesitamos líderes que entiendan que su papel no es destacar ellos, sino ayudar a que su equipo crezca. Que en lugar de imponer, sepan escuchar y dar espacio a otras voces. Que usen su posición no para protegerse, sino para generar confianza. Porque el verdadero liderazgo no se mide solo en resultados, sino en el impacto que deja en las personas con las que trabaja.

Para entender el liderazgo que necesitamos hoy —y el que queremos construir mañana—, es importante mirar hacia atrás y entender cómo ha evolucionado a lo largo del tiempo.

El liderazgo como reflejo de la historia

Cada etapa del liderazgo ha estado profundamente conectada con el contexto social, económico y cultural de su tiempo.

1. **Antigüedad**: El liderazgo era sinónimo de poder absoluto. Reyes, faraones y emperadores eran considerados figuras divinas. El orden se mantenía a través del temor, y el liderazgo se basaba en la obediencia sin cuestionamientos.
2. **Edad Media**: El poder seguía concentrado en la figura del monarca o del líder religioso. Liderar era custodiar el dogma y mantener el control del conocimiento. La estabilidad importaba más que el cambio.
3. **Revolución Industrial**: El liderazgo se convierte en dirección. La fábrica impone jerarquías rígidas. El objetivo es producir más, en menos tiempo. El líder controla, organiza, da órdenes. El trabajador ejecuta.
4. **Siglo XX**: Con la expansión del pensamiento científico y la gestión moderna, emergen nuevos modelos centrados en la motivación, el trabajo en equipo y el desarrollo del talento. Aparecen figuras como Peter Drucker o Warren Bennis que redefinen al líder como facilitador y visionario.
5. **Siglo XXI**: En la era digital, líquida y global, el liderazgo se descentraliza. Ya no importa tanto el rol, sino la capacidad de influir. El liderazgo se convierte en conciencia, en responsabilidad compartida. Lo emocional, lo humano y lo ético se convierten en el nuevo diferencial.

Este viaje muestra que el liderazgo no es una fórmula estática. Es una expresión viva de lo que necesitamos como sociedad en cada momento. Por eso, para entender el liderazgo del futuro, necesitamos comprender los aprendizajes del pasado.

La evidencia es abrumadora: según Gallup (2024), el 70 % de la variación en *engagement* de un equipo depende directamente del *manager*. No de la estrategia corporativa, no del presupuesto, no de las herramientas tecnológicas. Del líder. De ti.

Esto significa que cada conversación que tienes, cada decisión que tomas, cada gesto que haces, está moldeando la experiencia laboral de las personas que lideras. Es una responsabilidad que ya no podemos tomar a la ligera.

Una mirada a la evolución del liderazgo

Estudiar el liderazgo es abrir una ventana al alma de la humanidad. Desde las primeras civilizaciones hasta las organizaciones del siglo XXI, hemos buscado comprender qué hace que una persona inspire a otras a dar lo mejor de sí mismas.

El «Gran Hombre»: El mito fundacional. Surgida a mediados del siglo XIX, esta teoría proponía que los líderes nacen, no se hacen. Se pensaba que los grandes líderes (como Napoleón Bonaparte o Abraham Lincoln) tenían cualidades innatas que los diferenciaban del resto. Una visión limitada y elitista que excluía a la mayoría y negaba el desarrollo del liderazgo como competencia.

Teoría de los Rasgos: A principios del siglo XX, los investigadores intentaron identificar rasgos comunes entre los líderes exitosos. Se buscaban cualidades como la inteligencia, la confianza o la ambición. Sin embargo, se descubrió que no existe un conjunto único de rasgos que garantice el éxito, especialmente si no se traducen en acciones concretas.

Teorías del Comportamiento: En las décadas de 1940 y 1950, con estudios como los de la Universidad de Ohio y la Universidad de Michigan, se desplazó el foco hacia el comportamiento observable del líder. ¿Cómo actúa un líder eficaz? ¿Cómo gestiona su relación con el equipo y la tarea? Nacen modelos como el de liderazgo orientado a personas vs. orientación a tareas.

Teorías de Contingencia: Durante los años 60 y 70, se reconoce que no hay un estilo de liderazgo universal. Fred Fiedler, entre otros, propone que la eficacia del liderazgo depende de la interacción entre el estilo del líder y las características de la situación. El contexto empieza a importar tanto como la persona.

Liderazgo Transformacional: En los años 80, Bernard Bass y James Burns introducen un nuevo paradigma. El líder transformacional no solo dirige, sino que inspira, enciende pasiones, promueve el cambio y construye futuro. Es un liderazgo basado en el propósito, la visión compartida y la influencia positiva.

Liderazgo Emocional y Auténtico: A finales del siglo XX e inicios del XXI, con autores como Daniel Goleman, se empieza a valorar la inteligencia emocional como un factor esencial. Liderar también es saber reconocer y gestionar emociones, mostrarse vulnerable y liderar desde la autenticidad y la conexión humana.

Liderazgo Distribuido: En pleno siglo XXI, la idea de que solo los jefes lideran se desmorona. El liderazgo se entiende como una responsabilidad compartida. Aparece con fuerza en entornos ágiles, en organizaciones horizontales y colaborativas, donde cualquier persona puede ejercer liderazgo desde su rol, aportando valor desde su experiencia y mirada. El liderazgo se democratiza, se descentraliza, se potencia. Cualquier persona puede ser líder desde su lugar. El liderazgo se democratiza, se descentraliza, se potencia.

Con el tiempo, hemos aprendido que no hay una única forma de liderar. Cada situación, cada equipo y cada contexto pide algo distinto. De ahí nacen los estilos de liderazgo como herramientas flexibles para actuar con conciencia.

Estilos de liderazgo: herramientas para escenarios vivos

Liderar no es seguir siempre la misma forma de hacer las cosas. Es observar lo que pasa, entender al equipo y adaptarse al momento. No existe un único estilo válido: cada situación necesita una forma diferente de actuar.

Estilo	Cuándo aplicarlo
Autocrático	En crisis, cuando se requiere acción inmediata
Democrático	Para construir compromiso y fortalecer la visión compartida
Laissez-faire	Con equipos maduros y expertos que valoran la autonomía
Transformacional	Cuando se necesita inspirar, transformar, reinventar
Transaccional	En entornos estructurados, donde la eficiencia es clave
Situacional	Para liderar según el momento, el equipo y la necesidad
Servicial	Cuando el centro es el otro, su bienestar y crecimiento

Conocer los distintos estilos de liderazgo nos da herramientas para adaptarnos. Pero a veces, **lo que más limita nuestro desarrollo como líderes no es lo que nos falta aprender, sino lo que creemos que ya sabemos.**

Existen ideas instaladas —mitos— que han condicionado durante años la forma en que entendemos el liderazgo. Y si no las cuestionamos, pueden alejarnos de lo que realmente necesitan nuestros equipos hoy.

Romper con estas creencias no es un gesto simbólico: es un paso necesario para liderar con más claridad, más conciencia y más humanidad.

Rompiendo mitos que nos limitan
- **Mito**: El líder nace.
  Verdad: El líder se hace, se entrena, se cae y se levanta. Se forja en la experiencia y la intención.
- **Mito**: Liderar es controlar.

Verdad: Liderar es liberar. Es confiar, acompañar y soltar.
- **Mito**: El líder tiene todas las respuestas.
Verdad: El gran líder tiene las mejores preguntas. Y sabe escuchar.
- **Mito**: Hay un estilo universal.
Verdad: Cada contexto requiere una versión distinta de ti.

Cuestionar los mitos sobre el liderazgo nos permite dejar atrás lo que ya no nos sirve. Pero para liderar con autenticidad, también necesitamos mirar hacia dentro y preguntarnos algo fundamental:

¿Desde dónde estoy liderando?
Porque el liderazgo no empieza con lo que haces, sino con lo que te mueve a hacerlo.

Tu porqué es tu poder silencioso
Tu «por qué» es lo que te impulsa a liderar. No lo haces porque alguien te lo pida, sino porque tú decides hacerlo. Porque crees que puedes aportar algo que vale la pena.

Es lo que te da sentido cada día. Lo que te ayuda a seguir cuando hay dificultades. Como dice Simon Sinek: «La gente no compra lo que haces, sino por qué lo haces». Eso también aplica al liderazgo. No importa solo lo que haces, sino desde dónde lo haces.

Tu «por qué» es lo que da coherencia a tu forma de liderar. Es lo que deja huella en los demás.

**Por eso, es importante que cada líder se haga esta pregunta:
¿Por qué lidero?
¿Qué sentido tiene para mí estar al frente de un equipo?**

La respuesta a esa pregunta marca la diferencia. Porque cuando lideras con sentido, los demás también lo sienten.

Si quieres aplicar esto, prueba con...
- Escribir durante una semana cada noche: «¿Desde dónde he liderado hoy?»
- Observar en qué momentos del día lideras desde el miedo o desde el propósito.
- Preguntarte al inicio de cada jornada: «¿Qué parte de mí va a liderar hoy?»

Capítulo 2 —
AUTOCONOCIMIENTO
DEFINITIVO

El autoconocimiento y el desarrollo personal son fundamentales para un liderazgo efectivo. Los líderes que invierten tiempo en comprenderse a sí mismos, desarrollar su inteligencia emocional, reflexionar sobre sus experiencias y mantener una mentalidad de crecimiento están mejor equipados para enfrentar los desafíos del liderazgo moderno. El desarrollo personal es un viaje continuo que requiere dedicación, honestidad y apertura al cambio. Al comprometerse con este proceso, los líderes no solo mejoran su propia efectividad, sino que también inspiran y capacitan a sus equipos para alcanzar su máximo potencial.

El autoconocimiento es la piedra angular sobre la que se construye un liderazgo auténtico. Sin embargo, existe una brecha alarmante entre percepción y realidad: según *Harvard Business Review* (2024), mientras el 95 % de los ejecutivos cree ser autoconsciente, la investigación demuestra que solo el 10-15 % realmente lo es.

Esta desconexión no es un simple error de cálculo personal. Tiene consecuencias económicas reales: *MIT Sloan Management Review* (2024) documenta que el costo promedio de una decisión sesgada en empresas Fortune 500 alcanza los 1,2 millones de dólares. Cada decisión tomada desde la inconsciencia, cada reacción automática no revisada, cada sesgo no reconocido, tiene un precio.

Pero el verdadero coste no se mide solo en dinero. Se mide en confianza perdida, en talento que se marcha, en equipos que dejan de crecer.

Solo cuando un líder se muestra tal como es —con sus dudas, emociones y miedos— puede conectar de verdad con los demás. La vulnerabilidad no es una debilidad; es una forma de generar confianza. Cuando hay apertura, el equipo lo nota: se sienten más cerca, más inspirados y con libertad para ser ellos mismos también.

Pero el camino hacia uno mismo no está exento de obstáculos. Existen voces internas que sabotean nuestro crecimiento: la autocrítica excesiva, la necesidad de control, el deseo de agradar a todos. Son patrones mentales que se repiten, muchas veces de forma inconsciente, y que limitan nuestra capacidad de liderar con claridad. Reconocer estos mecanismos, darles nombre y disminuir su influencia es un acto de autoliderazgo.

Muchas veces, quien lidera siente que no está a la altura. Esa inseguridad, bien gestionada, puede convertirse en una oportunidad para crecer, escuchar más y seguir aprendiendo. Porque liderar no va de tener todas las respuestas, sino de saber hacerse buenas preguntas y contar con personas que sumen miradas distintas.

El autoconocimiento como base del liderazgo

Desarrollar inteligencia emocional no es un lujo, sino una necesidad. En su núcleo se encuentra una habilidad clave: el autoconocimiento. Este se traduce en saber cuáles son nuestras fortalezas y debilidades, qué valores nos rigen y cuáles son nuestras heridas internas. Sin esta base, el riesgo es convertirnos en líderes reactivos, atrapados en automatismos, sesgos y mecanismos inconscientes que terminan alejándonos del impacto que queremos generar.

No es casualidad que el psicólogo Daniel Goleman —referente internacional en inteligencia emocional— sitúe el autoconocimiento como la primera de las competencias esenciales en su modelo. Porque, como él mismo plantea, no podemos gestionar lo que no somos capaces de reconocer. Saber qué sentimos, cómo nos afecta y por qué reaccionamos de determinada manera es el punto de partida para poder regular nuestras emociones y construir relaciones más sanas y efectivas.

La inteligencia emocional empieza por dentro. Sin un trabajo profundo de mirada interna, cualquier intento de mejorar nuestra comunicación, liderazgo o empatía se queda en la superficie. El autoconocimiento no es solo una habilidad más: es el fundamento sobre el que se construye todo lo demás.

Pero conocerse a sí mismo no solo implica mirar emociones y valores. También requiere reconocer cómo nuestra mente interpreta la realidad, y cómo esas interpretaciones pueden jugar a favor o en contra de nuestro liderazgo. Ahí entran en juego los sesgos.

Los sesgos del líder: espejos deformantes

Vivimos convencidos de que nuestras decisiones son lógicas, que nuestras opiniones se basan en hechos, y que vemos la realidad tal y como es. Pero lo cierto es que nuestro cerebro no busca la verdad: busca atajos. Y esos atajos, aunque a veces nos ayudan a sobrevivir en un entorno complejo, también nos pueden jugar malas pasadas.

Los **sesgos cognitivos** son errores sistemáticos en la forma en que interpretamos la información. Son como filtros invisibles que alteran lo que pensamos, sentimos y decidimos. Están presentes en todos nosotros, incluso cuando creemos que somos objetivos. Aunque forman parte del funcionamiento natural de nuestra mente, si no los reconocemos, pueden comprometer seriamente la calidad de nuestras decisiones y nuestras relaciones.

¿Qué son los sesgos cognitivos?

Los sesgos son atajos mentales que el cerebro utiliza para procesar rápidamente la información. Dado que estamos expuestos a miles de estímulos al día, necesitamos simplificar, elegir, priorizar. Esa eficiencia tiene un precio: juicios rápidos, generalizaciones, conclusiones incompletas.

Estos patrones automáticos nacen de múltiples fuentes: nuestras experiencias pasadas, nuestras emociones, nuestras creencias, e incluso nuestra necesidad de pertenencia o de mantener una imagen coherente de nosotros mismos.

Liderar sin conocerse es como caminar con un espejo deformado al frente: todo lo que vemos está alterado por nuestras proyecciones.

Hay más de 180 sesgos identificados, pero algunos de los más frecuentes incluyen:

1. **Sesgo de confirmación**: Tendencia a buscar y dar más peso a la información que confirma nuestras creencias previas, ignorando o descartando lo que las contradice. Imagina un líder que piensa que un colaborador es poco comprometido. Cada vez que lo ve distraído en una reunión, refuerza esa creencia, pero pasa por alto los momentos en los que cumple plazos o aporta ideas valiosas. El líder no ve a la persona completa, sino solo lo que alimenta su prejuicio.

2. **Efecto halo**: Una única característica positiva (o negativa) de una persona o situación afecta cómo evaluamos todo lo demás. Por ejemplo, un líder puede considerar que alguien es excelente solo porque es muy simpático y comunicativo. Esa percepción inicial genera un «halo» que le hace suponer que también es eficaz, creativo o buen compañero, aunque no siempre sea así.

3. **Sesgo de anclaje**: Nos dejamos influenciar de forma desproporcionada por la primera información que recibimos, incluso si no es relevante. Ejemplo: En una negociación

salarial, si la primera cifra que se menciona es baja, puede condicionar toda la conversación, incluso cuando la experiencia del candidato o las referencias del mercado indican un valor muy distinto.

4. **Sesgo de disponibilidad**: Damos más importancia a lo que recordamos fácilmente, aunque no sea lo más representativo. Ejemplo: Un líder puede rechazar un software porque recuerda un problema reciente con una herramienta similar, sin detenerse a revisar comparativas o datos objetivos que podrían mostrar que la nueva opción es más adecuada

5. **Efecto de arrastre (*bandwagon effect*)**: Adoptamos creencias o comportamientos simplemente porque muchas otras personas lo hacen. Ejemplo: En una reunión de comité, la mayoría opina que un nuevo proceso es beneficioso. Aunque un líder tenga dudas razonables, puede terminar alineándose con la mayoría solo para no quedar aislado. El pensamiento crítico se sustituye por la presión social.

6. **Sesgo de confirmación**: Solo vemos lo que reafirma nuestras creencias, ignorando lo que las cuestiona. *Ejemplo*: Un director comercial cree que la estrategia de ventas debe centrarse en llamadas frías. Ignora datos del equipo que muestran mejores resultados con redes sociales porque «eso no funciona en nuestro sector».

Este sesgo impide la innovación, y a veces lo único que se necesita es la humildad para decir: «quizá me estoy perdiendo algo».

7. **Sesgo de endogrupo**: favorecemos a quienes han sido leales, aunque eso perjudique la equidad. Ejemplo: Una responsable de equipo da oportunidades de formación solo a quienes llevan más tiempo en la empresa, sin valorar el potencial de los nuevos. El talento joven se desmotiva, y el líder pierde oportunidades de evolución.

8. **Sesgo de falso consenso**: creemos que la mayoría piensa como nosotros. Ejemplo: Un gerente da por hecho que to-

dos están motivados con una nueva política de incentivos, sin haberla contrastado con el equipo. Luego se sorprende del descontento. Este sesgo puede hacer que los líderes tomen decisiones desde la burbuja de sus propias creencias.

9. **Sesgo de estatus**: el poder mal gestionado nos hace inmunes a las críticas. Ejemplo: Un líder con muchos años en la empresa se cierra a escuchar sugerencias de mejora por parte de sus colaboradores jóvenes. «No me vengas con teorías, yo ya he pasado por todo eso». Este sesgo encierra a los líderes en su propio pasado y les impide adaptarse al presente.

10. **Navaja de Ockham**: preferimos soluciones simples que no desafíen el status quo. Ejemplo: En lugar de rediseñar un proceso obsoleto, un mánager decide añadir una «chuleta» rápida para que la gente no se equivoque tanto. Solución rápida, problema no resuelto. Este sesgo alimenta el cortoplacismo.

11. **Exceso de confianza**: subestimamos riesgos y sobrevaloramos recursos. Ejemplo: Una directora promete a dirección que su equipo podrá implementar un nuevo software en un mes, sin haber preguntado cuánta carga de trabajo tienen. Resultado: *bornout* y errores. Este sesgo genera frustración tanto en el equipo como en la dirección.

12. **Autocomplacencia**: actuamos por inercia, evitando lo que nos reta. Ejemplo: Un líder sigue con reuniones semanales que ya no aportan nada, pero no las revisa por miedo a enfrentar la posibilidad de que hay algo que cambiar. La zona de confort es cómoda, pero nunca fue terreno fértil para el liderazgo inspirador.

13. **Coste hundido**: seguimos invirtiendo en errores por no asumir la pérdida. Ejemplo: Una empresa insiste en mantener un producto que no vende, solo porque ya invirtió mucho en su desarrollo. El ego no quiere soltar. Reconocer que

algo no funcionó es difícil, pero también profundamente liberador.

¿Cómo influyen en nuestra vida y nuestro trabajo?
Los sesgos están activos constantemente: cuando decidimos a quién contratar, cuando evaluamos a alguien en una reunión, cuando damos *feedback*, cuando interpretamos un silencio o reaccionamos ante un conflicto.

En el entorno laboral, estos sesgos pueden tener consecuencias importantes:

1. Afectan la diversidad y la inclusión: podemos favorecer inconscientemente a personas que se parecen a nosotros (sesgo de afinidad).

2. Limitan la innovación: al descartar ideas que no encajan con nuestra forma habitual de pensar (**sesgo de confirmación**, solo aceptamos lo que refuerza nuestra visión, o también **sesgo de *statu quo***, donde preferimos lo conocido frente a lo nuevo).

3. Dificultan la gestión del talento: al evaluar de forma desigual el rendimiento o el potencial de los miembros del equipo (**efecto halo**, donde generalizamos una impresión positiva o negativa, o el **sesgo de contraste**, por el que comparamos a una persona con otra en lugar de valorarla por sus méritos propios).

4. Alimentan dinámicas de poder poco saludables: si solo se valida la opinión de quienes confirman lo que ya creemos (**sesgo de confirmación**, que refuerza jerarquías y ahoga la diversidad de perspectivas).

Reconocer que todos tenemos sesgos no es una debilidad, es una muestra de inteligencia emocional y madurez. Es el primer paso para construir una cultura más justa, más clara y con más ganas de aprender. Un líder que es consciente de sus propios sesgos gana en credibilidad, en relaciones y en ética.

¿Qué podemos hacer para minimizar su impacto?

No se trata de eliminar los sesgos (porque eso es imposible), sino de aprender a detectarlos y gestionarlos. Algunas estrategias útiles incluyen:

1. **Detenerse antes de decidir**: tomarse unos segundos para revisar si estamos reaccionando desde la costumbre o desde el análisis.
2. **Revisar nuestras suposiciones**: preguntarnos qué estamos dando por hecho y por qué.
3. **Buscar deliberadamente otras perspectivas**: sobre todo aquellas que nos incomodan.
4. **Trabajar en entornos diversos**: la diversidad desafía nuestros sesgos de forma natural.
5. **Fomentar la reflexión colectiva**: incorporar momentos para revisar cómo tomamos decisiones como equipo.

El ego como barrera y oportunidad

Bob Davids, en su libro *Liderar sin Ego*, afirma que el ego hace ruido, pero el liderazgo verdadero es silencioso.

Hablar del ego en el contexto del liderazgo no es señalar una debilidad, sino explorar una condición humana inevitable. El ego forma parte de nuestra identidad. Nos ayuda a diferenciarnos, a tomar decisiones, a protegernos. Pero también puede limitar nuestra visión, distorsionar nuestra percepción y bloquear nuestro crecimiento.

El problema no es tener ego. El desafío está en no dejar que el ego nos tenga a nosotros. Cuando no es gestionado con conciencia, el ego interfiere con la claridad, sabotea nuestras relaciones y restringe nuestra capacidad de evolucionar como líderes.

¿Qué es el ego?

El ego es esa parte que quiere tener razón, que busca reconocimiento y le cuesta mostrarse vulnerable. Es la imagen que nos hemos construido de nosotros mismos, y a veces la confundimos con lo que realmente somos. Se alimenta de comparaciones, logros y apariencias. Y cuando lideramos desde ahí, dejamos de ver las cosas como son y solo vemos nuestra versión.

El ego en sí no es malo: nos da estructura y sentido. Pero si toma el control de nuestras decisiones, dejamos de conectar con los demás y empezamos a protegernos. Y cuando eso pasa, el miedo dirige y el propósito se pierde.

Cómo el ego impacta en nuestras decisiones
Un ego desregulado puede llevarnos a:
1. **Tomar decisiones para proteger nuestra imagen**, en lugar de lo que es mejor para el equipo o la organización.
2. **Evitar reconocer errores**, por miedo a parecer débiles o incompetentes.
3. **Buscar validación constante**, lo que puede volvernos dependientes de la opinión externa.
4. **Ignorar ideas distintas**, por creer que nuestra perspectiva es la única válida.
5. **Desconfiar de otros**, viendo competencia donde podría haber colaboración.
6. **Resistirse al cambio**, porque amenaza la imagen que hemos construido de nosotros mismos.

En la práctica, esto se nota en liderazgos rígidos, ambientes tensos, conversaciones que se esquivan y decisiones que se toman más por miedo que por visión.

El ego en el liderazgo: riesgos y oportunidades
Cuando el ego dirige, el liderazgo se vuelve reactivo, defensivo y centrado en el control.

Aparecen actitudes como:
1. Necesidad de tener la última palabra.
2. Incapacidad para delegar.

3. Falta de escucha real.
4. Dificultad para pedir ayuda.
5. Tendencia a personalizar los conflictos.
6. Incomodidad con el éxito ajeno.

Cuando nos atrevemos a mirar nuestro ego con honestidad, podemos aprender mucho. Nos muestra dónde están nuestras inseguridades, qué heridas siguen abiertas y qué partes de nosotros solemos evitar. No se trata de eliminar el ego, sino de entenderlo y ponerlo en su lugar. Solo así podemos liderar con más claridad, calma y conciencia.

Liderar más allá del ego

Un liderazgo consciente no niega el ego, pero no le cede el volante. Algunas claves para transitar ese camino:

1. **Practicar la autoconciencia radical**: observar nuestras reacciones, detectar nuestras zonas de sensibilidad, y preguntarnos con honestidad: «¿Desde dónde estoy liderando hoy?»
2. **Normalizar el error**: entender que equivocarse no resta liderazgo, lo humaniza.
3. **Celebrar sin compararse**: dejar de competir para empezar a contribuir.
4. **Pedir ayuda como acto de fortaleza**: mostrar que la vulnerabilidad bien sostenida no debilita, sino que inspira.
5. **Crear espacios donde todos puedan brillar**: porque el liderazgo real no se mide por cuánto destacas tú, sino por cuánto haces que otros crezcan.

Autoconciencia para transformar el liderazgo

El camino del autoliderazgo se cultiva con hábitos sencillos pero poderosos: la escritura reflexiva, el *mindfulness*, la práctica de la escucha activa, la respiración consciente, el cuestionamiento honesto.

.....

Herramientas como el Análisis DAFO o las Circunferencias de Covey pueden ayudarnos a enfocar nuestra atención en lo que verdaderamente podemos transformar.

Preguntas como: «¿Desde dónde estoy actuando?», «¿Qué no quiero ver?», «¿Qué necesito soltar para avanzar?», «¿Qué me hizo reaccionar hoy?», «¿Dónde me sentí incoherente?», «¿Qué puedo hacer diferente mañana?» abren caminos de reflexión poderosos y generan una conciencia que transforma.

Liderar desde el autoconocimiento no significa ser perfecto, sino ser coherente. Es aceptar que el liderazgo no se trata solo de resultados, sino de relaciones. Y que la relación más importante que cultivaremos será siempre la que tengamos con nosotros mismos.

Porque, al final, el líder que se conoce, se escucha y se cuida, es también el líder que mejor puede guiar, inspirar y transformar. Y cuando un líder se transforma, transforma también a su entorno. Todo empieza por un gesto tan simple (y tan valiente) como atreverse a mirarse al espejo.

Si quieres aplicar esto, prueba con...
- Identificar tres momentos recientes donde reaccionaste desde el ego. ¿Qué había detrás?
- Hacer un mapa con tus máscaras más habituales: perfección, control, aprobación...
- Preguntarte: «¿Qué herida protege esta reacción?» y «¿Qué necesitaría ahora para soltar?»

Una vez que aprendemos a liderarnos con conciencia y cuidado, estamos listos para mirar hacia fuera con más claridad.

Y es ahí donde la comunicación —nuestra herramienta más poderosa— cobra todo su sentido. En el siguiente Capítulo, hablaremos de cómo **construir relaciones, generar confianza y liderar conversaciones transformadoras.** Porque liderar, en esencia, también es conversar.

Capítulo 3 —
LA COMUNICACIÓN

El liderazgo empieza por la conversación.

La transformación de un equipo empieza con una buena conversación. Lo que decimos, cómo lo decimos y cuándo lo decimos influye directamente en la confianza, la colaboración y el ambiente. Liderar es comunicarse con claridad, respeto y propósito.

La comunicación es una herramienta clave del liderazgo. Permite dar dirección, resolver tensiones, generar confianza y facilitar el trabajo en equipo. No se trata de hablar más, sino de hacerlo con intención: eligiendo bien las palabras, los silencios y el momento.

Comunicar con eficacia también implica observar lo que no se dice: detectar emociones, respetar los ritmos del otro y ser coherente entre lo que se dice y lo que se hace. En un liderazgo efectivo, las palabras y las acciones van siempre alineadas.

Conversaciones que transforman: la importancia del contexto y la intención

Cada conversación puede abrir una oportunidad o generar una barrera. Lo que marca la diferencia no es solo el contenido, sino el tono, la intención y el contexto desde el que se comunica.

Para que una conversación tenga impacto real, no basta con lo que se dice: hay elementos clave que marcan la diferencia en cómo se recibe y se transforma el mensaje. Estas son algunas de las claves que todo líder debería tener en cuenta:

1. **La preparación**: Reflexionar qué quiero conseguir y qué necesita el otro. Elegir palabras desde la claridad, no desde la emoción del momento. No se trata de hablar por impulso, sino con intención. Lo que preparas desde la calma transforma más que lo que sueltas desde la rabia.

2. **El momento**: Elegir cuándo y dónde es mejor hablar. No todas las verdades caben en cualquier minuto. Una verdad dicha en mal momento puede ser tan destructiva como una mentira. El contexto también comunica. El tiempo emocional de una conversación es tan importante como su contenido.

3. **El tipo de preguntas**: Usar preguntas abiertas, reflexivas, que inviten a pensar, no a defenderse. («¿Qué te ayudó en este proceso?» vs. «¿Por qué lo hiciste así?»). Las buenas preguntas no interrogan, iluminan. No buscan respuestas, sino comprensión. Y muchas veces, una buena pregunta vale más que mil consejos.

4. **El uso del silencio**: Dar espacio al otro. Respirar. No llenar cada pausa. El silencio bien colocado invita a la reflexión. En el silencio se revela muchas veces la verdad emocional. Saber callar a tiempo es un acto de respeto.

5. **La actitud**: Escuchar sin juicio, hablar sin ansiedad, decidir desde la calma. El tono, la mirada, la postura: todo comunica. No se trata solo de lo que dices, sino de quién estás siendo mientras lo dices. La presencia auténtica tiene más impacto que cualquier técnica. Comunicar es un acto de presencia emocional, no solo verbal.

Liderar no es tener todas las respuestas, sino saber crear los espacios donde las conversaciones adecuadas pueden ocurrir.

Para que una conversación tenga impacto, no solo importa cómo se estructura, sino también desde qué estilo personal se comunica. Cada persona tiene una forma habitual de expresarse que influye directamente en cómo se recibe el mensaje y en cómo se construyen las relaciones en el equipo.

Comprender los estilos de comunicación es clave para mejorar el liderazgo. Nos ayuda a identificar por qué a veces no logramos conectar y nos da herramientas para adaptar nuestro enfoque y comunicarnos con mayor efectividad.

Estilos de comunicación: cuatro caminos, un solo objetivo

Comprender los estilos de comunicación nos permite detectar por qué a veces no logramos conectar. Estos estilos no definen a las personas, pero reflejan comportamientos que impactan directamente en el ambiente laboral. Cada estilo, si no se gestiona con conciencia, puede erosionar la confianza o limitar el potencial del equipo:

1. **Pasivo**: Evita el conflicto, cede con facilidad. A menudo reprime sus necesidades y deja de expresarse por miedo o inseguridad. Genera desconexión y baja participación. La persona pasiva suele adaptarse a todo... hasta que deja de hacerlo. Su voz no se escucha, no porque no importe, sino porque no se atreve a salir. En los equipos, la pasividad alimenta la invisibilidad emocional.

2. **Agresivo**: Impone sus opiniones, interrumpe, controla. Suele generar tensión, miedo y bloquea la creatividad del equipo. A menudo esconde inseguridad detrás de un exceso de autoridad. La energía que se impone, se resiste. La autoridad que no escucha, se debilita. En los entornos agresivos, florece el silencio por supervivencia, no por respeto.

3. **Pasivo-agresivo**: No confronta directamente, pero expresa descontento de forma indirecta (sarcasmo, evitación, silencios). Crea un clima de desconfianza. El equipo se resien-

te por la ambigüedad y la falta de claridad. La frustración no expresada fermenta en distancia. El liderazgo se diluye cuando los mensajes están llenos de dobles sentidos.

4. **Asertivo**: Equilibra firmeza con respeto. Expresa opiniones, deseos y límites con claridad y empatía. Construye relaciones sanas y duraderas. Es el estilo que permite generar vínculos seguros y auténticos, incluso en momentos de tensión. Es liderazgo desde la autenticidad. La asertividad no suaviza el mensaje, lo potencia con humanidad.

   El estilo asertivo es el más útil para liderar. No busca ganar, busca entenderse. En lugar de reaccionar, elige cómo responder. No impone su punto de vista, lo comparte con respeto. Ser asertivo es expresar lo que uno piensa y necesita sin herir a los demás. Es decir las cosas con claridad y con cuidado. Y es también tener conversaciones difíciles sin romper el vínculo, pensando en el bien del equipo y en el futuro que se quiere construir.

Si el estilo asertivo es el más eficaz para liderar, es importante saber cómo se entrena y se pone en práctica en el día a día. La asertividad no es un rasgo fijo, sino una habilidad que se puede aprender y fortalecer con conciencia y práctica.

A continuación, presentamos algunas claves para comunicar de forma asertiva: expresarse con claridad sin herir, escuchar sin juzgar y relacionarse desde el respeto mutuo.

Claves de la comunicación asertiva: el arte de hablar sin herir, escuchar sin juzgar

1. **Expresión clara y directa**: Usar frases desde el «yo» («yo siento», «yo pienso», «yo necesito») evita la acusación y abre el diálogo. Permite expresar malestar sin atacar. Cuando hablas desde tu experiencia, no puedes ser refutado. Esta forma de expresarse se alinea con el enfoque de Comunica-

ción No Violenta de Marshall Rosenberg, que propone hablar desde la observación, las emociones y las necesidades, sin juicios ni etiquetas. Comunicar desde ahí no solo abre el diálogo: construye vínculo.

2. **Lenguaje corporal congruente**: Postura abierta, contacto visual sereno, tono firme pero amable. Tu cuerpo también comunica. La incongruencia entre lo que dices y cómo lo dices genera desconfianza. La coherencia genera seguridad. Un cuerpo tenso puede sabotear incluso las palabras más cuidadas.

3. **Escucha activa**: Escuchar para comprender, no para responder. Parafrasear, validar emociones, mostrar interés sincero. La verdadera escucha requiere silencio interno y disposición plena. Escuchar es regalar atención sin condiciones. Y muchas veces, escuchar es más sanador que resolver.

4. **Empatía consciente**: Ponerse en el lugar del otro sin perder el propio. Validar sin justificar. Estar disponible sin anularse. Entender al otro sin dejar de ser tú. La empatía no es debilidad: es poder bien dirigido.

5. **Respeto por los límites**: Saber decir «no» sin culpa, con argumentos y alternativas. Y también saber recibir un «no» sin tomárselo como algo personal. Los límites claros fortalecen la confianza, no la debilitan. Cuando hay límites, hay seguridad emocional. Sin límites, el respeto se vuelve frágil.

Una de las formas más visibles y transformadoras de practicar la comunicación asertiva es a través del feedback. Dar y recibir retroalimentación de manera respetuosa, clara y constante no solo mejora los resultados, sino que fortalece los vínculos y hace crecer el talento.

El feedback no es solo una herramienta de mejora: es una forma de cuidar, de guiar y de construir confianza en el equipo.

El impacto del feedback en la comunicación y el desarrollo del talento

Dar y recibir feedback es una de las habilidades más potentes de un líder. No se trata de corregir, sino de hacer crecer. Cuando el feedback es parte de la cultura, no hace falta esperar a una evaluación formal para mejorar. Las mejores culturas son aquellas en las que las personas pueden hablar con franqueza y respeto en cualquier momento. Donde el feedback no se teme, sino que se agradece.

1. **Feedback positivo**: Reconoce comportamientos que queremos que se repitan. Refuerza autoestima, motiva, genera confianza. Valida lo que sí funciona. Es el combustible emocional de los equipos sanos. Lo que se reconoce, se multiplica. Un «gracias» sincero puede valer más que un bonus.

2. **Feedback constructivo**: Se enfoca en comportamientos concretos, no en la persona. Ofrece alternativas, acompaña al cambio, abre posibilidades.

No busca señalar errores, sino abrir caminos de mejora. Se trata de decir la verdad, sin perder la relación. Y de sostener la relación, incluso cuando la verdad incomoda.

Para que el *feedback* sea eficaz debe ser:

1. **Específico** (no general),
2. **Oportuno** (cerca del momento),
3. **Sincero** (sin adular),
4. **Orientado al futuro** (no al reproche),
5. **Conversacional** (bidireccional),
6. **Respetuoso** (sin invadir ni imponer).

Y debe terminar con una pregunta poderosa: «¿Cómo puedo ayudarte a mejorar en esto?» Esta pregunta convierte la retroalimentación en un acto de cuidado, no de juicio. Transforma la relación entre líder y colaborador, y abre un puente para la acción conjunta. Da lugar al compromiso mutuo. Porque quien se siente parte, se siente responsable.

Dar *feedback* es una parte importante de la comunicación en los equipos. Pero hay momentos en los que el reto va más allá de dar una opinión o una propuesta de mejora: son aquellas situaciones en las que la conversación en sí se vuelve incómoda.

Como líderes, no solo debemos saber comunicar cuando todo fluye, sino también cuando hay conflicto, tensión o emociones difíciles de manejar. Aquí es donde la comunicación madura se pone a prueba. Y donde se demuestra el verdadero impacto del liderazgo.

Conversaciones difíciles: cómo abordarlas desde el coraje, la claridad y el cuidado

Hay conversaciones que preferiríamos evitar. Y sin embargo, evitarlas tiene un costo documentado: según VitalSmarts/Crucial Learning (2024), eludir conflictos cuesta a las organizaciones un promedio de 62,4 millones de dólares anuales.

Pero más allá del impacto económico, está el costo humano. Center for Creative Leadership (2024) revela que el 75 % de los líderes no recibe *feedback* honesto de sus equipos. Esto significa que millones de líderes están navegando a ciegas, sin saber realmente el impacto de sus acciones.

La paradoja es cruel: en un mundo hiperconectado, donde tenemos más herramientas de comunicación que nunca, Microsoft Work Trend Index (2024) confirma que el 85 % de líderes lucha por comunicar efectivamente en entornos híbridos.

Una conversación difícil no siempre es una confrontación. Puede ser una petición delicada, una corrección necesaria, una despedida inevitable, una emoción acumulada o una decisión que impacta a otros. Se vuelven incómodas no por lo que son, sino por lo que significan: cambio, incomodidad, ajuste, verdad.

Cuando evitamos estas conversaciones por miedo a herir o incomodar, trasladamos el coste al futuro: tensión no resuelta, rendimiento deteriorado, relaciones desgastadas, climas tensos.

En cambio, abordarlas a tiempo, con respeto, genera lo contrario: madurez, claridad, confianza.

¿Por qué evitamos las conversaciones difíciles?
1. Porque no queremos parecer «duros» o insensibles.
2. Porque tememos el rechazo o la reacción emocional del otro.
3. Porque no sabemos cómo decir lo que sentimos sin herir.
4. Porque confundimos amabilidad con complacencia.

Y sin embargo, evitar lo incómodo no nos hace más amables, nos hace menos confiables. Como líder, tu equipo necesita saber que puede contar contigo también cuando la conversación se complica.

Estrategias para abordar conversaciones difíciles con humanidad y eficacia
1. **Prepárate desde el propósito, no desde la emoción**
   Antes de hablar, pregúntate: ¿para qué quiero tener esta conversación? ¿Qué quiero construir, no solo decir? La intención guía el tono.
2. **Regula tu estado interno**
   La forma en que entras en la conversación influye más que las palabras. Respira, siéntate, suelta el juicio. Habla desde la calma, no desde la urgencia.
3. **Elige el momento y el lugar adecuados**
   Una conversación importante merece contexto seguro: privacidad, tiempo, foco. Nada de pasillos, correos o mensajes de voz impulsivos.
4. **Ve al punto con cuidado**
   No dramatices ni minimices. Sé claro sin ser frío. Sé cálido sin perder el foco. Puedes empezar con algo como: «Quiero hablar contigo de algo que es importante para los dos».

5. **Habla desde la observación, no desde la etiqueta**
   Describe comportamientos, no juicios. Ejemplo: «He notado que en las últimas reuniones has interrumpido varias veces» vs. «Eres irrespetuoso».
6. **Escucha, incluso si no estás de acuerdo**
   Abrir una conversación es también abrir espacio al otro. Escucha con el cuerpo, no solo con los oídos. Lo que no entiendes hoy puede tener sentido si dejas de defenderte.
7. **Cierra con claridad y compromiso**
   Resume lo hablado. Agradece la disposición. Aclara próximos pasos. Pregunta: «¿Cómo podemos avanzar a partir de aquí?».

Iniciar bien una conversación difícil puede marcar la diferencia. Aquí tienes algunas frases que ayudan a abrir ese espacio desde el respeto:
   1. «Quiero hablar contigo de algo que no es fácil, pero creo que es importante.»
   2. «Me gustaría tener una conversación que ayude a mejorar nuestra relación.»
   3. «Prefiero decir esto de forma directa y con cuidado, antes de que se acumule.»
   4. «¿Podemos hablar un momento? Hay algo que me gustaría compartir contigo con total honestidad.»

Herramientas que ayudan a liderar la conversación con foco y calidez
   1. **Modelo DESC**
      1. *Describir* el hecho
      2. *Expresar* cómo te sientes
      3. *Sugerir* un cambio o mejora
      4. *Concretar* un acuerdo o siguiente paso
   2. **Método CARE** (Cuidado, Aceptación, Respeto, Empatía): la actitud que sostiene cualquier conversación difícil.

3. **Bitácora emocional**: antes de hablar, anota lo que sientes y lo que realmente quieres comunicar. Aclara tu verdad antes de compartirla.
4. **Rueda de emociones**: útil para identificar y nombrar emociones sin dramatismo.

Hablar con claridad, afrontar conversaciones difíciles y dar buen *feedback* son pilares de una comunicación efectiva. Pero también es importante estar atentos a los errores más comunes que, incluso con la mejor intención, pueden debilitar la confianza y la cohesión del equipo.

Reconocerlos es el primer paso para evitarlos. Y saber solucionarlos, una señal de liderazgo consciente.

Errores comunes en la comunicación del liderazgo

1. **Dar *feedback* en público:** Esto puede generar vergüenza o resentimiento en el receptor.
   1. **Solución:** Siempre ofrece retroalimentación en privado, especialmente si se trata de áreas de mejora.
2. **Usar lenguaje ambiguo:** Las instrucciones poco claras llevan a malentendidos y errores.
   2. **Solución:** Sé directo y específico al comunicarte; evita frases vagas como «hazlo mejor» y opta por «mejoraremos este aspecto entregando los informes antes del miércoles».
3. **Ignorar las emociones del equipo:** No reconocer las preocupaciones o sentimientos puede generar desconexión emocional entre líder y equipo.
   3. **Solución:** Practica la empatía; pregunta cómo se sienten y valida sus emociones antes de abordar temas difíciles.
4. **Evitar conversaciones difíciles:** Ignorar problemas puede empeorar conflictos internos o desmotivación en el equipo.
   4. **Solución:** Enfrenta las conversaciones difíciles con preparación, claridad y respeto (ver estrategias en sección anterior).

Así como identificar errores ayuda a corregir el rumbo, también es útil reconocer las señales que indican que estamos comunicando bien como líderes.

Indicadores de éxito en la comunicación
1. **Claridad en los objetivos:** El equipo entiende claramente qué se espera de ellos y cuáles son las metas comunes.
2. **Mayor confianza entre miembros del equipo:** Los colaboradores se sienten cómodos compartiendo ideas, preocupaciones o problemas sin miedo a represalias.
3. **Reducción de conflictos internos:** Hay menos malentendidos o tensiones dentro del grupo gracias a una comunicación abierta y transparente.
4. **Feedback positivo sobre tu estilo comunicativo:** Recibes comentarios constructivos sobre tu capacidad para escuchar, guiar e inspirar al equipo.

Hasta ahora hemos hablado de lo que se dice: las palabras, los mensajes, las intenciones y los contextos que las rodean. La comunicación no verbal es una parte esencial del liderazgo, porque transmite mucho antes que el discurso y muchas veces, con más fuerza. Aprender a reconocerla, cuidarla y alinearla con nuestro mensaje es clave para generar confianza y credibilidad.

Comunicación no verbal: nuestro lenguaje más antiguo
Antes de que el ser humano desarrollara el lenguaje hablado, la comunicación se basaba en gestos, expresiones faciales y posturas corporales. Estos elementos no verbales fueron esenciales para la supervivencia de nuestros ancestros, permitiéndoles coordinar acciones, expresar emociones y establecer vínculos sociales.

A lo largo de la evolución, el cerebro humano se ha especializado en interpretar señales no verbales. Incluso hoy, gran parte de nuestra comunicación se transmite de manera no verbal, y somos capaces de percibir y responder a estas señales de forma automática, sin necesidad de ser plenamente conscientes de ello.

Estudios han demostrado que ciertas expresiones faciales, como la sonrisa o el ceño fruncido, son universales y reconocidas en todas las culturas. Además, la capacidad de interpretar el lenguaje corporal y las expresiones emocionales está presente desde una edad temprana, lo que indica su importancia fundamental en la interacción humana.

En la actualidad, aunque dependemos en gran medida del lenguaje verbal, la comunicación no verbal sigue desempeñando un papel crucial en nuestras interacciones diarias. Desde una mirada que transmite comprensión hasta una postura que refleja apertura o rechazo, estos elementos continúan siendo herramientas poderosas para conectar con los demás.

Lo que no se dice, también pesa: el poder invisible de la comunicación no verbal

Cada gesto que hacemos, por pequeño que parezca, lleva consigo una carga emocional que influye directamente en el espacio que compartimos con los demás.

No se trata solo de cómo nos movemos o qué postura adoptamos, sino de la intención que hay detrás, de la energía que transmitimos, de la presencia o ausencia que proyectamos. Un simple cruce de brazos, una inclinación de cabeza, una pausa prolongada o una sonrisa breve pueden cambiar el tono de una interacción, incluso sin que haya una sola palabra. En cada encuentro humano, esos pequeños gestos se convierten en señales que guían la conexión o el distanciamiento. Ser conscientes de ese lenguaje silencioso es dar un paso hacia una comunicación más empática, profunda y genuina. Influye en el ambiente que creamos a nuestro alrededor. La forma en que miras, te sientas, callas o asientes puede abrir un espacio de confianza o levantar una muralla invisible. La comunicación no verbal no es un accesorio del lenguaje: es el lenguaje primordial. Habla antes que las palabras, persiste cuando estas se olvidan y, muchas veces, contradice lo que creemos estar diciendo. Según el psicólogo Albert Mehrabian, cuando hablamos de emociones, más del 90 % del mensaje se transmite a través del tono y el lenguaje corporal. Aunque esta cifra ha sido debatida, nos recuerda la enorme fuerza de lo que no decimos, pero mostramos.

El cuerpo no miente. Y por eso, liderar desde la conciencia corporal es esencial. Requiere habitarse para poder habitar el mensaje. Escuchar el propio tono, revisar la intención, observar lo que transmite la postura. Es preguntarse: ¿Mi cuerpo está siendo cómplice o saboteador de mis palabras? ¿Estoy diciendo «confío en ti» mientras reviso cada detalle? ¿Estoy diciendo «te escucho» mientras miro el teléfono?

Coherencia radical: cuando el mensaje se sostiene con el cuerpo, el tono y la intención

La coherencia en la comunicación no es exclusiva del ámbito del liderazgo; es un principio fundamental en cualquier interacción humana. No se trata de perfección en el discurso, sino de honestidad y autenticidad.

Las personas se sienten más conectadas con mensajes que reflejan una coherencia entre las palabras y las acciones de quien los emite. Lo que realmente inspira no es únicamente lo que se dice, sino cómo se vive y se respalda con acciones concretas.

Es natural que una persona cometa errores, cambie de opinión o muestre vulnerabilidad. Sin embargo, cuando estas situaciones se abordan desde la autenticidad, se fortalece el respeto y la confianza en las relaciones. Por el contrario, cuando el mensaje carece de sinceridad o se percibe como forzado, puede generar desconfianza, incluso si las palabras utilizadas son correctas.

La autenticidad y la coherencia en la comunicación son esenciales para establecer relaciones sólidas y genuinas. Al alinear nuestras palabras con nuestras acciones y valores, fomentamos un entorno de confianza y respeto mutuo.

Cuando existe una discrepancia entre lo que se dice y cómo se dice, se genera una sensación de incoherencia que puede afectar la percepción del mensaje. Por ejemplo, hablar de tranquilidad con un tono apresurado, o afirmar que se escucha mientras se interrumpe, puede transmitir un mensaje contradictorio.

Las personas no solo escuchan las palabras, también interpretan el lenguaje no verbal: gestos, tono de voz, expresiones faciales. Si estos elementos no están alineados con el mensaje verbal, pueden surgir dudas o desconfianza.

Esta falta de coherencia puede manifestarse en diferentes contextos, generando reservas o disminuyendo el compromiso. En cambio, cuando hay congruencia entre lo que se dice y cómo se expresa, se fortalece la credibilidad y se facilita la conexión con los demás.

La coherencia en la comunicación no es un lujo, es fundamental para establecer relaciones de confianza y ejercer una influencia positiva. Un mensaje coherente se percibe como auténtico, lo que aumenta su impacto y eficacia.

Barreras invisibles: los enemigos silenciosos de la conexión

No siempre se trata de lo que se dice, sino de lo que no puede decirse. Las barreras comunicativas son como niebla en la relación: no se ven, pero impiden ver. Algunas nacen del contexto (tiempos apresurados, entornos inseguros, falta de espacio emocional), otras de la historia (conflictos pasados, etiquetas, prejuicios), y otras de la forma (lenguaje vago, exceso de tecnicismos, tono inadecuado).

También hay barreras internas que dificultan la comunicación. Miedos que no se dicen, ideas que damos por hechas sin comprobarlas, expectativas que no se expresan. Y muchas veces, esas son las que más bloquean el diálogo. Cuando una conversación está marcada por lo que yo creo del otro —sin haberlo hablado—, es difícil que haya un verdadero encuentro. Comunicar no es solo hablar. Es estar dispuesta a revisar lo que pienso, a escuchar de verdad, y a preguntar con humildad. Porque un mensaje puede estar bien dicho, y aun así no llegar. Puede tener buena intención, y aun así herir. Por eso, a veces la pregunta más valiente no es «¿me he explicado bien?», sino: «¿Hay algo que esté bloqueando nuestra conversación?» O incluso: «¿Cómo puedo hacer que esto te llegue mejor?»

Una persona que sabe detectar y resolver barreras en la comunicación mejora su forma de hablar y también sus relaciones.

Crea un entorno donde se puede hablar con confianza, expresar lo que uno piensa y estar en desacuerdo sin problema. Lidera conversaciones que ayudan a avanzar, no solo a intercambiar información. Para que eso ocurra, hace falta atención, humildad y ganas de entender al otro.

Comunicar bien es asegurarse de que el mensaje no solo se dice, sino que también se entiende.

En un mundo laboral cada vez más flexible y distribuido, la forma en la que nos comunicamos también ha cambiado. La presencialidad ya no es la norma, y eso nos plantea nuevos retos para mantener la conexión humana a través de canales digitales.

Pero aunque cambien los medios, las intenciones siguen siendo las mismas: crear confianza, construir relaciones y liderar con cercanía. Por eso, es fundamental adaptar nuestra comunicación a este nuevo contexto sin perder lo esencial.

Comunicación en entornos digitales: nuevos retos, mismas intenciones

El trabajo remoto ha cambiado por completo la forma en la que nos comunicamos en los equipos. Ya no compartimos la máquina de café ni cruzamos miradas en el pasillo. Ahora muchas conversaciones suceden a través de pantallas, cámaras, correos y chats.

Y aunque las herramientas digitales nos conectan, también presentan nuevos desafíos. Por eso, hoy más que nunca, necesitamos cuidar la forma en la que hablamos, escuchamos y nos relacionamos a distancia.

Uno de los retos más comunes es que en digital se pierden muchos matices. A veces un silencio en una reunión virtual genera confusión. Una respuesta corta por escrito puede parecer brusca, aunque no lo sea. Y como no vemos gestos ni expresiones, es fácil interpretar mal lo que el otro quiere decir, sobre todo si hay tensión o prisa.

Por eso, encender la cámara en las reuniones no es un simple detalle: es una forma de decir «estoy aquí». Aunque estemos lejos, vernos nos ayuda a mantener la conexión. También es importante cuidar el tono de voz: en digital, es una de las pocas formas que tenemos de mostrar emoción y cercanía. Y los silencios, si no se explican, pueden sentirse como desinterés o desconexión.

En los mensajes escritos, como correos o chats, necesitamos ser más claros y amables. Escribir de forma directa pero con empatía. Añadir un «gracias», un «¿cómo estás?» o un «avísame si necesitas algo» puede cambiar el tono por completo. A veces, una pausa antes de responder o releer lo que escribimos puede evitar muchos malentendidos.

Liderar en remoto también es saber cuándo usar cada canal. Hay temas que es mejor hablar por videollamada, y otros que funcionan bien por escrito. Crear pequeños rituales ayuda mucho: por ejemplo, empezar la semana con una reunión corta, compartir logros en el chat del equipo o felicitar a alguien por un buen trabajo de forma pública.

Además, es útil combinar espacios formales con momentos informales. Unos minutos para saludar antes de entrar al tema o un pequeño juego al finalizar una reunión pueden fortalecer la conexión humana. Los detalles cuentan mucho cuando falta la cercanía física. Mostrar interés genuino por lo personal, como un cumpleaños o una meta alcanzada, también suma.

Y, sobre todo, no asumir que porque enviamos un mensaje, el otro lo entendió como queríamos. En digital, es clave confirmar la comprensión, hacer preguntas abiertas como: «¿Esto te queda claro?», «¿Qué opinas?», o «¿Hay algo que te gustaría comentar antes de seguir?». Estas pequeñas pausas permiten corregir el rumbo antes de que un malentendido crezca.

Liderar en entornos digitales no se trata solo de usar herramientas, sino de usarlas con intención, respeto y calidez. Así, incluso en la distancia, el equipo puede sentirse unido, valorado y acompañado. Y eso, al final, es lo que marca la diferencia.

Además de los cambios tecnológicos, los equipos también han cambiado en su diversidad. Personas de distintas culturas, idiomas y formas de ver el mundo comparten hoy los mismos proyectos.

Esta diversidad es una gran riqueza, pero también requiere **una comunicación más empática, abierta y consciente de las diferencias.**

Porque liderar en un entorno multicultural no significa saberlo todo, sino estar dispuesto a escuchar, preguntar y adaptar con respeto.

Checklist final: ¿cómo comunico como líder?

Al terminar este Capítulo, te invito a hacer una pausa y reflexionar. Marca con una ✓ aquellas frases con las que te sientas identificado:

1. Escucho con atención sin interrumpir.
2. Valido las emociones del otro, incluso si no las comparto.
3. Doy feedback de forma clara y oportuna.
4. Ajusto mi comunicación según la persona y el contexto.
5. Verifico que mi mensaje ha sido comprendido.
6. Uso los silencios de forma consciente, sin llenarlos por nerviosismo.

7. Soy coherente entre lo que digo y lo que hago.
8. Reconozco cuando me equivoco y corrijo sin culpar.
9. Hago preguntas abiertas para generar reflexión.
10. Cuido el tono, las palabras y el lenguaje no verbal.

Si has marcado la mayoría, estás en el camino de una comunicación consciente y transformadora. Si no, este Capítulo puede servirte como guía para seguir creciendo. La buena noticia es que siempre podemos mejorar cómo nos comunicamos. Solo hace falta intención, práctica y escucha.

Si quieres aplicar esto, prueba con…
- Escuchar a alguien durante cinco minutos sin interrumpir, aconsejar ni responder. Solo estar.
- Practicar el «eco empático»: repetir lo que el otro ha dicho para validar su emoción.
- Pedir *feedback* a alguien del equipo sobre cómo se siente cuando hablas con él/ella.

Capítulo 4 —
Seguridad psicológica

El impacto de la seguridad psicológica en los equipos
En el entorno laboral contemporáneo, caracterizado por la presión constante, la velocidad del cambio y la exigencia de resultados, existe una crisis silenciosa: según Accenture Future of Work Study (2024), solo el 26 % de empleados globalmente se siente psicológicamente seguro en el trabajo.

Esta estadística no es solo preocupante; es un indicador de pérdida masiva de potencial humano. Porque cuando Google Project Aristotle actualiza sus hallazgos en 2024, confirma que los equipos con alta seguridad psicológica innovan un 47 % más rápido que la competencia.

La seguridad psicológica se ha consolidado como un factor diferenciador clave entre los equipos que simplemente cumplen con sus funciones y aquellos que alcanzan un rendimiento extraordinario.

Aunque no se refleja directamente en los organigramas ni en los indicadores convencionales, su presencia es evidente en la dinámica diaria de los equipos. Se manifiesta cuando los miembros se sienten con la libertad de expresar dudas, reconocer errores o proponer ideas no convencionales sin temor a ser juzgados o penalizados. También se percibe cuando los espacios de conversación son seguros, constructivos y abiertos a la diversidad de perspectivas.

La seguridad psicológica no debe entenderse únicamente como una técnica de gestión, sino como un compromiso ético del liderazgo. Es una forma de reconocer al otro en su totalidad, de garantizar que cada persona pueda participar desde su autenticidad, sabiendo que su contribución será valorada y respetada.

Estudios realizados por Edmondson y otros expertos han demostrado que los equipos con altos niveles de seguridad psicológica son más innovadores, colaborativos y resilientes. Por ejemplo:

1. Google realizó un estudio interno llamado *Project Aristotle*, donde descubrió que la seguridad psicológica era el factor más importante para determinar el éxito de sus equipos.
2. Según investigaciones publicadas en *Harvard Business Review*, los entornos psicológicamente seguros reducen la rotación laboral y aumentan el compromiso de los empleados.

¿Qué es, en esencia, la seguridad psicológica?
Amy Edmondson, pionera en este campo, la define como la creencia compartida de que el entorno laboral es un espacio seguro para la toma de riesgos interpersonales. Pero más allá de la definición académica, la seguridad psicológica es un pacto tácito: un acuerdo colectivo de cuidado, de respeto, de humanidad.

¿Por qué es crucial hoy más que nunca?
Porque vivimos tiempos frágiles. Porque el mundo se volvió BANI: frágil, ansioso, no lineal e incomprensible. Porque el miedo —a equivocarse, a ser juzgado, a no encajar— es uno de los mayores inhibidores de la innovación, la creatividad y el compromiso.

Y porque las organizaciones que no se atreven a construir entornos psicológicamente seguros están dejando sobre la mesa su mayor ventaja competitiva: la humanidad de su gente.

1. **La innovación nace de la seguridad**: sin libertad para fallar, no hay permiso para crear.

2. **La colaboración se fortalece donde hay respeto**: sin juicio, aparece la empatía.
3. **El talento se queda donde se siente visto**: sin miedo, florece el potencial.

Para comprender cómo se construye la seguridad psicológica dentro de un equipo, no basta con entender su valor general. Es necesario mirar cómo se despliega, paso a paso, en la experiencia concreta de las personas.

El modelo de Timothy R. Clark ofrece una guía práctica para identificar las etapas clave en este proceso.

Timothy R. Clark propuso una forma de entender el camino hacia esta cultura: en cuatro etapas que no solo describen el viaje de un equipo, sino también el de una persona que se siente, poco a poco, autorizada a ser.

1. **Seguridad de inclusión**: Aquí me siento aceptado por quien soy. No necesito dejar parte de mí en la puerta para pertenecer.
2. **Seguridad de aprendizaje**: Aquí puedo decir «no entiendo» sin temor. Puedo preguntar, explorar, equivocarme. Aquí se aprende sin vergüenza.
3. **Seguridad de contribución**: Aquí sé que lo que aporto importa. Mis ideas tienen eco. Mi voz tiene peso.
4. **Seguridad para desafiar el statu quo**: Aquí tengo permiso para cuestionar, para cambiar, para imaginar algo distinto. Incluso si incomoda.

Cada etapa abre una puerta más profunda a la innovación, al compromiso, al sentido. Y cada puerta necesita un liderazgo valiente que se atreva a abrirla.

¿Qué puede hacer un líder?

Un líder tiene el poder —y la responsabilidad— de ser catalizador del cambio hacia un entorno seguro. Aquí hay acciones concretas:

1. Sostener silencios: Crear espacios donde todos puedan hablar sin interrupciones ni juicios.
2. Validar sin paternalismo: Reconocer ideas y emociones genuinamente sin minimizar ni exagerar su importancia.
3. Fomentar rituales: Introducir prácticas como «reuniones libres de juicio» o «espacios para compartir aprendizajes».
4. Modelar vulnerabilidad: Ser transparente sobre sus propios errores y limitaciones como líder.
5. Medir la seguridad psicológica: Usar herramientas como cuestionarios o dinámicas grupales para evaluar cómo perciben los miembros del equipo su entorno.

Cuando un líder da estos pasos, no solo cambia su estilo de liderazgo. Transforma la dinámica completa del equipo. La seguridad psicológica se convierte entonces en una cultura compartida, no solo en una intención individual.

Cuando un equipo se siente seguro, deja de actuar por miedo y empieza a trabajar con un objetivo común. En ese entorno, las ideas fluyen con más libertad, las relaciones mejoran y el error se ve como una forma de aprender, no como una amenaza.

La diversidad de opiniones se valora, y mostrar emociones no se ve como un problema, sino como una forma de conectar mejor. Cada persona siente que su voz cuenta y que su aportación importa.

Es en estos equipos donde se logra más compromiso, más innovación y más cambios reales. No porque alguien lo imponga, sino porque las personas, al sentirse bien, quieren dar lo mejor de sí.

Ese es el punto donde empieza el liderazgo de verdad: desde dentro y de forma duradera.

Si quieres aplicar esto, prueba con...
- Preguntar en tu próxima reunión: «¿Qué piensas tú?» antes de dar tu opinión.

- Agradecer explícitamente a quien se atreva a discrepar o señalar un error.
- Observar si hay alguien que habla poco y crear un espacio seguro para que participe.

Capítulo 5 —
Liderazgo Intergeneracional:
Dirigir en la Diversidad de Tiempos

La riqueza del liderazgo hoy no está en la homogeneidad, sino en la diversidad.
Nos encontramos en una era excepcional: por primera vez en la historia, hasta cinco generaciones pueden coexistir dentro de una misma entidad. Esto no representa un desafío. Se trata de una oportunidad. Una oportunidad para comprender, establecer conexiones y ejercer liderazgo desde la empatía, la inteligencia emocional y la flexibilidad. Un líder que ignora esta diversidad corre el riesgo de desconectarse de una parte valiosa de su equipo.

Liderar equipos intergeneracionales no consiste en intentar que todos piensen y actúen igual. Tampoco en «modernizar» a los más veteranos ni en «endurecer» a los más jóvenes. Se trata de **aprovechar lo mejor de cada etapa vital**, de encontrar puntos de conexión y de sumar experiencias distintas hacia un mismo objetivo. La diversidad generacional no es un obstáculo: es una ventaja cuando se sabe coordinar.

No integrar la diversidad generacional es desperdiciar talento en todas sus formas. Porque cada generación aporta algo distinto: visión, experiencia, energía o innovación. Juntas, forman el equilibrio que permite a la organización avanzar con solidez, criterio y adaptabilidad.

Entendiendo a las generaciones: más que simplemente nombres.

Cada generación es hija de su tiempo, marcada por el contexto social, económico y cultural en el que creció. Entenderla no es fácil; requiere empatía de verdad. Es ponerse en los zapatos del otro y tratar de ver el mundo desde su mirada. Se trata de entender qué desea, qué le preocupa, qué la motiva y qué la frena. Es pasar del juicio a la curiosidad y transformar las diferencias en una oportunidad para conversar y conectar.

Generación X (1965-1980) Creció en un contexto de inestabilidad económica y cambios tecnológicos. Autónomos, prácticos, fuertes ante la adversidad. Ellos aprecian la estabilidad, la experiencia y el mérito. Aprendieron a trabajar sin internet, a adaptarse a lo digital y a sobreponerse a las crisis.

Ideas para guiarlos: Brinda autonomía de manera clara, valora su experiencia, evita la sobrecarga digital sin necesidad y respeta su manera de trabajar orientada a resultados. Involúcralos en las decisiones, dales espacio para liderar según su experiencia y confía en su compromiso, que a menudo se subestima.

Generación Y / Millennials (1981-1996): Personas que crecieron con tecnología digital desde jóvenes. Buscan tener un impacto, aprender, conectar y encontrar sentido. Aprecian la retroalimentación rápida, la adaptabilidad y la inclusión. Cuestionan las jerarquías tradicionales y sienten una gran necesidad de que los valores de la empresa coincidan con sus propias creencias.

Consejos para liderarlos: Conéctate con tu motivo, brinda crecimiento constante, sé honesto, promueve el trabajo en equipo y haz que sientan que su trabajo es importante más allá de los resultados. Ofrece desafíos que ayuden al crecimiento personal y valora su esfuerzo de forma real, no solo simbólica.

Generación Z (1997-2012) Son nativos digitales. Hábiles, informados y atentos a las causas sociales y ambientales. Valoran ser genuinos, tener estabilidad emocional y poder expresarse libremente. Han crecido en un mundo rápido, visual y donde se hacen muchas cosas a la vez. Deben ser escuchados y sentirse incluidos. Son personas que aprenden por su cuenta, son fuertes ante dificultades y tienen altas expectativas para sí mismos y para los demás.

Claves para guiarlos: Comunica de manera visual y rápida, cuida su bienestar emocional, estimula su creatividad, déjalos participar en decisiones importantes, ofréceles espacio para innovar y valora sus ideas. Ayúdales a lograr sus metas sin frenar su deseo de alcanzar más. Ellos quieren participar en el cambio, no solo ver lo que sucede.

Comprender las diferencias generacionales es solo el primer paso. El verdadero reto del liderazgo es traducir ese entendimiento en una cultura organizacional integradora, donde todas las generaciones puedan convivir, colaborar y crecer sin renunciar a lo que las hace únicas.

¿Cómo podemos fortalecer la cohesión entre generaciones dentro de la organización?

Promueve la mentoría entre pares: No solo los más veteranos enseñan. Los jóvenes también tienen mucho que ofrecer. Las mentorías bidireccionales promueven el respeto mutuo y el intercambio de habilidades en ambos sentidos. El intercambio crea un sentido de comunidad y desafía los estereotipos.

Fomenta la participación de diferentes generaciones: Crea lugares seguros donde todas las opiniones sean escuchadas. Reconoce los logros de personas de todas las edades y evita juzgar por la edad o la forma de ser. Deshazte de expresiones como «siempre se ha hecho así» o «estos jóvenes no aguantan nada». Cambia el juicio por la escucha.

Crea beneficios que sean flexibles y que se adapten a las necesidades de cada persona. Lo que impulsa a una madre trabajadora de cuarenta y cinco años no es igual a lo que necesita un recién graduado de veinticuatro. Escuchar antes de hacer estándares es esencial para crear una propuesta de valor atractiva. Incentivos, horarios, entrenamientos y recompensas deben ajustarse a diferentes realidades.

Cuando un líder hace que un joven se sienta escuchado y que un veterano se sienta relevante, no está solo manejando equipos. Se está creando una cultura. Una cultura donde cada persona se siente valorada, que hace una aportación y que forma parte del grupo. Una cultura que valora la experiencia, escucha nuevas ideas y celebra las diferencias.

Capítulo 6 —
Equipos de alto rendimiento

Un equipo no se construye con talento individual, sino con propósito compartido.
Uno de los mayores aprendizajes en el trabajo con equipos es que la excelencia individual no garantiza el éxito colectivo. El talento suma, pero la colaboración multiplica. Cuando los egos individuales se subordinan a una causa mayor, emergen sinergias inesperadas que disparan la creatividad, la eficiencia y el sentido de pertenencia. La transición de «mi trabajo» a «nuestro impacto» es el punto de inflexión que transforma equipos buenos en equipos extraordinarios.

En estos equipos, cada miembro entiende el impacto de sus acciones en los demás y busca contribuir al bien común. No se trata de diluir responsabilidades, sino de expandir el compromiso. El reconocimiento ya no pasa por destacar individualmente, sino por hacer que el equipo brille. La gloria compartida tiene más poder que cualquier medalla individual.

Un equipo de alto rendimiento es aquel que no solo cumple objetivos, sino que lo hace desde la colaboración genuina, la responsabilidad compartida y un profundo compromiso con el «por qué» de su trabajo.

Sin embargo, la realidad es sobria: McKinsey Organization Health Index (2024) revela que solo el 14 % de organizaciones globales mantiene equipos de alto rendimiento de manera consistente.

Esta escasez de excelencia tiene explicación. Bain & Company Team Effectiveness Research (2024) confirma que los equipos excepcionales comparten cinco características específicas: son cinco veces más propensos a ser diversos, practican reflexión regular en un 78 % de los casos y mantienen niveles de confianza que se correlacionan 0.91 con su performance.

El viaje hacia este nivel de funcionamiento no es accidental.

El viaje hacia este nivel de funcionamiento comienza con la construcción de un lenguaje común, tal como se expone en *Tribal Leadership*, donde los equipos evolucionan desde una cultura de «yo contra el mundo» (Stage 2) hacia «nosotros somos grandes» (Stage 4) y, eventualmente, «la vida es grandiosa» (Stage 5). Este avance cultural se da cuando el liderazgo actúa como catalizador de propósito y conexión. En este proceso, es fundamental identificar en qué etapa se encuentra el equipo, cuáles son sus narrativas dominantes y qué estímulos pueden impulsarlo hacia estadios superiores de conciencia y colaboración.

El paso de grupo a equipo requiere también revisar cómo se construyen las relaciones, cómo se toman las decisiones y qué nivel de interdependencia existe entre las personas. Un equipo de alto rendimiento no se basa en el control, sino en la confianza, y no busca evitar el error, sino aprender de él.

La importancia de los equipos efectivos

Los equipos son la unidad operativa del liderazgo. Cuando un equipo está alineado, todo fluye. Cuando está fragmentado, todo se ralentiza. Por eso, un líder no solo gestiona personas: construye contextos, facilita conversaciones, genera sentido. Liderar un equipo es, sobre todo, crear las condiciones para que el talento de todos pueda expresarse, crecer y transformarse en valor compartido. Un espacio donde se mezclan la inteligencia emocional, la confianza y una dirección clara.

Una cultura así no aparece por azar. Se cultiva con prácticas consistentes, un liderazgo cercano y una visión que conecta a las personas con algo más grande que ellas mismas.

Lleva estas ideas a la acción:
1. Crea rituales de confianza (retrospectivas, espacios sin jerarquía, reconocimiento espontáneo).
2. Establece objetivos compartidos que vayan más allá del «entregar a tiempo».
3. Visualiza los errores como aprendizajes, no como amenazas.
4. Estimula la curiosidad colectiva como motor de mejora continua.
5. Protege el bienestar psicológico: donde hay miedo, no florece la innovación.

No todos los equipos necesitan lo mismo. Y no todo el tiempo. Un buen liderazgo no es el que siempre guía, sino el que **sabe cuándo guiar y cuándo dejar hacer**.

El ciclo de desarrollo de los equipos
Todo equipo pasa por etapas que determinan su cohesión, su eficacia y su madurez. Conocer este ciclo no solo ayuda al líder a entender mejor lo que ocurre en su equipo, sino que permite acompañarlo con mayor empatía y estrategia. Bruce Tuckman identificó cinco fases por las que transita todo equipo:
1. **Formación (Forming):**
    Es la etapa inicial. Las personas se conocen, hay cortesía y cierta incertidumbre. Se exploran normas, roles y expectativas. El liderazgo debe ofrecer dirección clara, establecer acuerdos iniciales y crear espacios seguros para conectar.
2. Tormenta (Storming):
    Empiezan a surgir conflictos, tensiones por el poder, malentendidos o diferencias de criterio. Esta etapa es crítica. Muchas veces se interpreta como un fallo, pero en realidad

es señal de crecimiento. Aquí, el liderazgo debe sostener la tensión, facilitar conversaciones difíciles y reforzar el propósito común.

3. Normalización (Norming):
   El equipo comienza a establecer normas compartidas, la confianza crece y los roles se estabilizan. Se generan hábitos colaborativos y se afianza la identidad grupal. Es el momento de fortalecer el compromiso y dar autonomía progresiva.

4. Desempeño (Performing):
   El equipo funciona con fluidez, se autoorganiza, resuelve conflictos con madurez y mantiene foco en los objetivos. La colaboración es profunda y el liderazgo puede moverse hacia una posición más estratégica y menos operativa.

5. Cierre o transformación (Adjourning):
   Cuando un proyecto termina o el equipo se disuelve, aparece la necesidad de cerrar con sentido. Celebrar los logros, reconocer contribuciones y permitir despedidas conscientes fortalece la cultura y deja una huella positiva.

Llevar este modelo al día a día implica observar con atención dónde está el equipo, qué necesita en cada etapa y qué tipo de liderazgo lo puede acompañar mejor. No se trata de forzar etapas, sino de facilitar los procesos naturales de crecimiento.

El modelo de Tuckman nos recuerda que:

1. En la formación, hace falta claridad y dirección.
2. En los conflictos, escucha y mediación.
3. En el alto rendimiento, espacio y confianza.

El liderazgo adaptativo observa, escucha y se ajusta. Y al mismo tiempo, fomenta una autonomía real: delegar con claridad y soltar el control sin perder el rumbo.

Dar autonomía no es decir «haz lo que quieras». Es decir: «Sé que puedes. Confío. Estoy si me necesitas». Esa frase, cuando es genuina, transforma.

Pero no todo equipo avanza de forma lineal. En el camino surgen obstáculos que bloquean el rendimiento colectivo. El modelo de Patrick Lencioni nos ayuda a identificar y trabajar esas disfunciones que impiden que los equipos den lo mejor de sí.

Patrick Lencioni identifica cinco disfunciones que frenan el rendimiento de los equipos. Si no se abordan, afectan a la confianza, la responsabilidad y los resultados. Son estas:

1. Ausencia de confianza: cuando las personas no se sienten seguras, evitan mostrarse tal como son.
2. Miedo al conflicto: se evita el debate por miedo al choque. Se prioriza llevarse bien, aunque eso afecte al progreso.
3. Falta de compromiso: si no hay conversaciones reales, los acuerdos no se sienten propios.
4. Evasión de responsabilidades: sin compromiso, nadie se hace cargo de los resultados.
5. Falta de foco en los resultados: se priorizan intereses personales por encima del objetivo común.

Liderar un equipo implica estar atento a estas dinámicas y abordarlas a tiempo. Porque lo que no se habla, se repite.

¿Cómo revertirlas? Integración con las claves del liderazgo eficaz:

1. Genera espacios de confianza donde equivocarse no se penalice, sino que se reconozca el aprendizaje.
2. Normaliza el desacuerdo como parte del crecimiento colectivo. El conflicto bien gestionado es fuente de innovación.
3. Cierra reuniones con compromisos claros y compartidos. Lo hablado debe traducirse en acción.
4. Crea acuerdos de equipo que incluyan dar y recibir *feedback* horizontal con regularidad.
5. Visibiliza los objetivos comunes y celebra los avances como equipo, no solo como individuos. El éxito es plural.

6. Utiliza reuniones de revisión periódicas no solo para eva-luar el rendimiento, sino también el estado emocional del equipo.

Roles y responsabilidades: claridad que libera

Cuando las funciones están difusas, el equipo se desgasta en su-posiciones. Cuando los roles están claros, las personas se mueven con libertad. El objetivo no es rigidez, sino conciencia de contri-bución. La claridad libera energía que antes se perdía en la confu-sión y reduce la ansiedad operativa. Y también ayuda a prevenir conflictos innecesarios.

Para liderar con claridad:

1. Asignar funciones desde las fortalezas, no desde la jerar-quía. Las personas dan más cuando se sienten reconocidas.
2. Establecer expectativas claras y revisables. La ambigüedad mata el compromiso.
3. Fomentar la colaboración entre roles sin perder la referen-cia. La interdependencia bien gestionada potencia la si-nergia.
4. Reforzar que la claridad no significa rigidez. Siempre debe haber espacio para revisar, redefinir y ajustar.

Lleva estas ideas a la acción:

1. Evalúa las fortalezas individuales con herramientas como DISC, Gallup o *feedback* 360.
2. Redefine roles cuando haya cambios, evita anclarte al «siem-pre fue así». La flexibilidad también necesita estructura.
3. Promueve la polivalencia sin diluir la responsabilidad. Sa-ber colaborar no significa no tener foco.
4. Introduce rutinas de «check-in de rol»: ¿sigues sintiendo sentido en lo que haces? ¿Hay tareas que ya no suman? ¿Te gustaría contribuir de otra forma?

La sinergia como ventaja competitiva

La colaboración no es hacer todo juntos. Es sumar diferentes formas de pensar hacia un objetivo común. La verdadera sinergia aparece cuando hay respeto por las diferencias, un propósito compartido y nadie necesita brillar por encima de los demás. En los buenos equipos, el «nosotros» pesa más que el «yo».

Aplicación práctica:

1. Crea espacios para trabajar juntos, como talleres, sprints o sesiones de ideas.
2. Celebra las opiniones distintas como una riqueza, no como un problema.
3. Establece reglas claras para poder discutir de forma constructiva.
4. Usa herramientas colaborativas como mapas de empatía o tableros de ideas compartidas.

Los equipos no se lideran desde arriba. Se lideran desde dentro. Un equipo de alto rendimiento no aparece solo: se cultiva día a día.

Un equipo no se construye solo con motivación momentánea, sino con coherencia sostenida. Lo que une de verdad no es compartir tareas, sino compartir un propósito.

Liderar un equipo no es tener todas las respuestas: es hacer las preguntas que despiertan lo mejor de cada persona.

Ese es el verdadero liderazgo: crear contextos donde los equipos crecen, donde se miran con honestidad los problemas, donde se corrige con humildad y se avanza con visión.

Cuando un equipo se alinea en confianza, verdad y propósito, deja de ser solo un grupo de personas. Se convierte en una fuerza capaz de transformar realidades.

Y esa fuerza, cuando se sostiene en el tiempo, se convierte en cultura.

La sinergia real no implica que no haya tensiones. Incluso en los mejores equipos hay diferencias. Lo importante no es evitarlas, sino saber gestionarlas para que se conviertan en motor de innovación.

Gestión del conflicto: convertir la tensión en motor de innovación

Un equipo que nunca discute no es armónico, es silencioso. Y muchas veces, ese silencio es miedo. Los equipos de alto rendimiento no temen el conflicto: lo abrazan como parte natural del camino. Donde hay ideas diferentes, hay fricción. Y donde hay fricción bien gestionada, hay avance.

El liderazgo no debe evitar los desacuerdos, sino acompañarlos con herramientas que permitan transformarlos en diálogo. Algunas claves concretas:

1. **Escucha activa**: no se trata solo de oír, sino de dejar espacio al otro, repetir lo que entendiste y preguntar con interés real.

2. **Feedback no violento**: usando el enfoque de Marshall Rosenberg, expresamos desde lo que observamos, sentimos, necesitamos y pedimos, sin culpas ni ataques.

3. **Mediación en caliente**: cuando dos personas no logran entenderse, una figura neutral puede ayudar a volver al centro.

En los equipos que funcionan, el conflicto no se esconde bajo la alfombra: se nombra, se cuida y se transforma. Es allí donde muchas veces nace la innovación.

En los entornos híbridos o remotos, estos desafíos relacionales no desaparecen: cambian de forma. Por eso, es clave aprender a usar la tecnología no solo como herramienta, sino como puente emocional y operativo entre las personas.

Herramientas digitales y rituales de conexión en entornos híbridos

En los equipos que trabajan a distancia o de forma mixta, la tecnología no es solo un recurso: es el puente que permite que todo fluya. Pero no basta con usar herramientas. Hay que convertirlas en aliadas del trabajo colaborativo.

Plataformas como **Asana**, **Trello**, **Notion** o **Monday** ayudan a que todos sepan qué se está haciendo, quién lo hace y para cuándo. **Slack**, **Teams** o **Zoom** hacen posible mantener la conversación viva, aunque estemos lejos.

Pero la conexión real no solo pasa por las tareas. También se crea con pequeños rituales digitales:

1. **Check-ins emocionales** al inicio de la semana: ¿cómo llegas hoy?
2. **Reuniones breves y con foco** que terminan con acuerdos claros.
3. **Espacios informales online**: cafés virtuales, canales para compartir logros, fotos o música.

Diseñar estos espacios no es perder tiempo, es cuidar el vínculo. Y cuando el vínculo se cuida, el equipo respira mejor.

Bienestar emocional y sostenibilidad del rendimiento

No hay equipo sano sin bienestar. Un grupo que trabaja con presión constante, sin pausa ni reconocimiento, puede rendir... pero no sostenerse. El cuidado no es un lujo: es la base.

¿Qué puede hacer el líder?

1. Fomentar **pausas reales**, aunque sean de cinco minutos para estirarse o respirar.
2. Respetar horarios: **la desconexión también es parte del trabajo**.
3. Reconocer emocionalmente: «Gracias por tu esfuerzo», «Sé que estás a tope, ¿cómo te sientes?».
4. Ofrecer recursos cuando haga falta: desde espacios de conversación hasta apoyo profesional.

El **burnout** no llega de golpe. Da señales: cansancio constante, más errores, falta de motivación. El buen liderazgo las ve y actúa.

Un equipo cuidado es un equipo con energía para dar lo mejor. Y eso también es productividad, pero con alma.

El bienestar emocional no solo previene el desgaste, también crea las condiciones para que el aprendizaje florezca. Un equipo que se siente cuidado, está más dispuesto a crecer y evolucionar.

Aprendizaje continuo y cultura de mejora

El equipo que aprende, no solo mejora: evoluciona.

La formación no es solo para «los nuevos» o para «cuando haya tiempo». Es parte del día a día.

Ideas sencillas que funcionan:

1. **Espacios cortos de aprendizaje interno**: veinte minutos donde alguien comparte algo útil.
2. **Talleres o seminarios web** abiertos para todo el equipo.
3. **Retro al terminar un proyecto**: ¿qué salió bien? ¿Qué haríamos distinto?
4. **Mentoría cruzada**: compartir experiencia entre personas de distintos roles o generaciones.

No se trata de saber más, sino de **mantener la curiosidad encendida**. Porque cuando un equipo siente que puede seguir creciendo, también crece su compromiso.

Medición y revisión del desempeño colectivo

Medir es una forma de cuidar. Pero no solo desde los números. Un equipo necesita saber cómo va, pero también cómo está.

Algunas métricas útiles:

1. **Cumplimiento de objetivos** (sí, lo básico).
2. **Nivel de confianza** (puede medirse con encuestas simples).
3. **Clima emocional**: ¿cómo nos sentimos al trabajar juntos?
4. **Tasa de rotación o ausentismo.**
5. **Número de aprendizajes compartidos** tras proyectos.

La evaluación debe ser parte del proceso, no solo un cierre. Y tiene que incluir el cómo, no solo el qué. ¿Qué aprendimos? ¿Qué haríamos diferente? ¿Qué nos costó más?

Medir con humanidad es mirar con intención. Y mirar con intención es liderar de verdad.

Porque un equipo no se mide solo por lo que logra, sino por lo que se convierte mientras lo logra. Y ese viaje, cuando se cuida, se conversa y se lidera con conciencia, transforma a las personas tanto como a los resultados.

Metáforas contemporáneas para liderar con sentido

La manera en que imaginamos el liderazgo influye profundamente en cómo lo ejercemos. Durante mucho tiempo, se usaron metáforas *bélicas* o *mecánicas*: el líder como general en el campo de batalla, o la empresa como una máquina donde el jefe era el operador principal. Esas imágenes enfatizaban la autoridad, la disciplina y a veces la frialdad. Hoy, en cambio, en un mundo que valora la colaboración, la creatividad y el propósito, necesitamos metáforas más vivas y humanas para guiar nuestra forma de liderar. Una buena metáfora actúa como una brújula interna: nos recuerda qué es lo importante y nos da sentido en los momentos de duda.

El líder como jardinero: En lugar de «jefe» mandando, el líder-jardinero se ve a sí mismo cultivando talento. Su prioridad es crear las condiciones para que cada persona de su equipo *crezca* y dé frutos. ¿Qué hace un jardinero? Prepara la tierra, riega, quita malezas, cuida que haya buena luz… pero no «estira» de las plantas para que crezcan más rápido porque entiende que cada una tiene su ciclo. De igual forma, un líder jardinero nutre a su gente con formación, confianza y apoyo, y tiene la paciencia de respetar los procesos de cada quien. Esta metáfora nos habla de cuidado y de visión a largo plazo: un jardín sano no se logra de la noche a la mañana, requiere dedicación constante y amor por quienes crecen en él. Liderar como jardinero da sentido porque trasciende el resultado inmediato: se trata de dejar un terreno fértil donde otros puedan prosperar incluso en el futuro.

El líder como coach deportivo: Pensemos en el coach de un equipo. Él no juega el partido directamente, pero está allí para motivar, entrenar, corregir y celebrar desde la línea de banda. Un líder-coach sabe que el verdadero protagonismo es de su equipo, y su éxito consiste en verlos anotar *goles* o encestar puntos gracias a su guía. Esta metáfora pone énfasis en el desarrollo de las habilidades de cada miembro y en la sincronía del trabajo en equipo. El coach observa las fortalezas y áreas de mejora, da *feedback* constante y personalizado, y fomenta la confianza colectiva («ganamos juntos, perdemos juntos»). Liderar como coach significa que encuentras sentido en ser un potenciador de otros, en sacar lo mejor de cada persona para el bien común. Te conviertes en ese referente al que tu equipo sabe que puede acudir en busca de consejo o ánimo en pleno «partido» de la vida laboral.

El líder como anfitrión: Imagina que organizas una cena en casa e invitas a personas diversas. Como buen anfitrión, tu papel es lograr que los invitados se sientan cómodos, conectados entre sí y disfruten de la velada. No eres el centro de atención, sino el facilitador del espacio. Esta metáfora aplicada al liderazgo resalta la idea de servicio y acogida. El líder-anfitrión inicia «rituales» positivos (reuniones donde todos puedan hablar, actividades de integración), presenta a unas personas a otras para que colaboren, detecta si alguien se está quedando fuera de la conversación y lo integra, y está atento a que nada importante falte (información, recursos, reconocimiento). Igual que un anfitrión va pasando por cada grupo en la fiesta para ver que todo marche bien, un líder se mueve entre su gente ofreciendo apoyo donde haga falta, sin monopolizar la escena. Liderar así da sentido porque crea una sensación de comunidad: el equipo deja de ser un conjunto de individuos aislados y se convierte en un grupo unido donde todos se sienten cuidados y valorados.

El líder como faro: Piensa en un faro en la costa. No lleva el barco a cuestas ni decide por el capitán qué rumbo tomar, pero su luz es una guía en la oscuridad, una referencia estable en medio de la tempestad. Un líder-faro es aquel que aporta claridad y orientación cuando hay incertidumbre. Representa los valores y la visión con tal coherencia que, incluso en momentos confusos, su equipo puede «ver la luz» de hacia dónde se quiere ir. Esta metáfora resalta la consistencia y la inspiración silenciosa: el faro no grita órdenes, simplemente *brilla* con firmeza. Un líder-faro encuentra sentido en ser ese punto de apoyo moral y estratégico para su gente. Sabe que, aunque cada miembro del equipo es quien navega su propia travesía, él o ella puede alumbrar el camino, evitando rocas y recordando el destino cuando otros lo pierden de vista. Ser faro implica también estar ahí siempre, incluso cuando las cosas se ponen difíciles, ofreciendo seguridad y calma con su sola presencia.

El líder como servidor: Esta metáfora, popularizada por el concepto de «servant leadership», nos invita a imaginar la jerarquía invertida. El líder no está arriba para ser servido, sino abajo sosteniendo al equipo, quitando obstáculos y proveyendo lo necesario para que los demás triunfen. Un líder-servidor ve a su equipo como sus «clientes» internos a los que debe cuidar. Pregunta: «¿En qué te puedo ayudar?» y realmente lo siente así. Su ego pasa a segundo plano; lo importante es el bienestar y éxito colectivo. Lejos de restarle autoridad, esta actitud genera respeto profundo y lealtad: la gente sigue de buen grado a quien percibe genuinamente comprometido con su bien. Liderar sirviendo da un sentido muy especial, porque conecta con una vocación casi trascendental: la de contribuir al crecimiento de otros y al logro de un propósito mayor, por encima del lucimiento personal.

Estas metáforas contemporáneas comparten un hilo común: todas se enfocan en dar sentido humano al acto de liderar. Ya no se trata de mandar por mandar, o de alcanzar metas frías; se trata de guiar, cuidar, inspirar y servir. Cada líder puede elegir la metáfora que más resuene con su esencia o incluso combinar varias.

Lo importante es que tengas una imagen clara que te recuerde por qué haces lo que haces. Cuando las cosas se pongan difíciles, pensar «¿qué haría el jardinero (o el coach, o el faro) en mí?» puede ayudarte a encontrar la respuesta con significado.

Para terminar, te invito a reflexionar: *Si tu estilo de liderazgo fuera una metáfora, ¿cuál sería?* Y esa metáfora que eliges, ¿te inspira a ser el tipo de líder que tu equipo necesita y que tú, en el fondo, anhelas ser? Encontrar un símbolo que guíe tu liderazgo puede darte una brújula emocional en cada decisión, y alinear tu día a día con los valores y el propósito que le dan sentido.

Si quieres aplicar esto, prueba con…
- Preguntar al equipo: «¿Qué haría falta para que esta semana sea excelente para todos?»
- Visualizar tu equipo como un ecosistema: ¿qué necesita cada «especie» para prosperar?
- Implementar un pequeño ritual colectivo que refuerce la conexión y el propósito.

Capítulo 9 —
La soledad del líder:
el silencio que pocos ven

Harvard Business Review Executive Loneliness Study (2024) actualiza una realidad preocupante: el 61 % de líderes senior experimenta soledad regularmente, un aumento del 34 % post-pandemia. Esta no es solo una estadística de bienestar personal.

Center for Executive Leadership Research (2024) establece la conexión directa: el 43 % de CEOs reporta no tener a nadie con quien hablar honestamente sobre sus desafíos, y esta soledad se correlaciona 0.67 con bornout ejecutivo. El costo organizacional es real: la rotación ejecutiva por bornout cuesta un promedio de 300 000 dólares por posición.

Detrás de cada decisión compleja, de cada momento de incertidumbre, de cada responsabilidad que no se puede compartir completamente, hay una dimensión menos visible pero profundamente humana.

El liderazgo frecuentemente se vincula con la fuerza, la visión y la determinación. No obstante, detrás de cada individuo que orienta a otros, se encuentra una dimensión menos perceptible: la soledad. No se refiere a la soledad física, sino a la responsabilidad que implica asumir decisiones complejas, mantener la responsabilidad sin compartirla plenamente y no siempre disponer de un espacio para expresarse con libertad.

Esta soledad es real y habitual, aunque raramente se discute sobre ella. Frecuentemente, los líderes experimentan una sensación de incapacidad para expresar duda, temor o fatiga, dado que el entorno espera de ellos respuestas, firmeza y claridad. Esta expectativa, pese a su comprensión, puede dejar al líder sin espacios para la descarga emocional o el apoyo genuino.

Liderar significa tomar decisiones que impactan a otras personas, mantener la dirección cuando el equipo tiene dudas y ser un ejemplo, incluso cuando por dentro uno no se siente fuerte. Esa presión de tener siempre respuestas y no equivocarse puede hacer que el líder se aleje de los demás, e incluso de sí mismo. Es una soledad que muchos ven con admiración desde fuera, pero que pocos entienden realmente desde dentro.

La soledad en el liderazgo no es un fenómeno nuevo; ha estado presente desde que existen roles de poder y autoridad.

Líderes como **Abraham Lincoln**, conocido por su profunda melancolía, enfrentó decisiones extremadamente solitarias durante la Guerra Civil estadounidense, como la abolición de la esclavitud. **Winston Churchill**, en plena Segunda Guerra Mundial, relató episodios de enorme carga emocional y soledad mientras tomaba decisiones críticas para el destino de Europa. Esta dimensión humana ha sido históricamente invisibilizada por la narrativa del héroe infalible.

Marcos Peña — Exjefe de Gabinete de Argentina

En su libro *El arte de subir (y bajar) la montaña*, Peña reflexiona sobre cómo el poder puede deshumanizar y aislar al líder. Describe cómo la presión constante y la exposición pública afectaron su salud mental, llevándolo a cuestionar su identidad y a tomar la decisión de retirarse de la política para recuperar su bienestar emocional.

Carmenza Alarcón — Ejecutiva internacional

Alarcón compartió su experiencia como gerente general en Malasia, donde enfrentó una profunda soledad al liderar en un entorno cultural desconocido. A pesar de estar rodeada de personas, se sintió aislada debido a la falta de conexiones auténticas y al peso de las expectativas depositadas en su rol.

Jacinda Ardern — Ex primera ministra de Nueva Zelanda
Ardern sorprendió al mundo al renunciar a su cargo, citando que ya no tenía «suficiente en el tanque» para continuar liderando. Su decisión puso de relieve el bornout y la soledad que pueden acompañar a los roles de liderazgo, especialmente en tiempos de crisis.

¿Por qué el liderazgo puede ser una experiencia solitaria?
Existen múltiples razones por las que quienes ejercen funciones de liderazgo pueden experimentar soledad en el desempeño de su rol:

1. **Dificultad para establecer espacios de conversación sincera.** Las expectativas asociadas al rol —ser quien tiene las respuestas, quien guía, quien mantiene la estabilidad— pueden generar una distancia difícil de sortear incluso en entornos de confianza.

2. **Imposibilidad de compartir determinadas decisiones.** Algunos dilemas y responsabilidades no pueden expresarse abiertamente, lo que obliga al líder a gestionarlos en solitario.

3. **Brechas emocionales derivadas de la jerarquía.** Aun en culturas organizativas cercanas, el lugar que ocupa el líder puede limitar la espontaneidad y la transparencia en las relaciones con el equipo.

4. **Tensión entre cuidar y dejarse cuidar.** Quien lidera suele asumir un rol de contención, pero pocas veces dispone de espacios donde ser contenido, lo que con el tiempo puede derivar en desgaste emocional.

5. **Temor al juicio externo.** La presión por proyectar una imagen de competencia y seguridad puede inhibir la expresión de dudas o vulnerabilidades, aunque estas sean parte natural de cualquier proceso de toma de decisiones.

Consecuencias de la soledad no atendida

Cuando la soledad en el liderazgo se prolonga sin reconocimiento ni acompañamiento, puede generar efectos negativos tanto a nivel personal como organizacional:

1. Cansancio emocional acumulado, mantenido en silencio.
2. Pérdida progresiva de conexión con el equipo y consigo mismo.
3. Limitación del pensamiento estratégico. La toma de decisiones se ve afectada por la falta de contraste, dando lugar a cámaras de eco.
4. Disminución del sentido de propósito. Se continúa liderando desde la inercia, no desde la convicción.

En estos contextos, el liderazgo pierde vitalidad. Y sin esa vitalidad, es difícil sostener una visión inspiradora y sostenida en el tiempo.

La soledad no es inevitable ni irreversible. Existen formas de acompañar este proceso con más conciencia, recursos y contención emocional. Aquí algunas estrategias posibles:

1. **Crear espacios de intercambio entre pares.** Establecer vínculos con otros líderes donde se privilegie la autenticidad, la escucha y el respeto mutuo puede resultar profundamente reparador.
2. **Contar con una red de apoyo confiable.** Relacionarse con personas que no estén influenciadas por la jerarquía, como mentores, coaches o amistades cercanas, facilita una mirada más humana y honesta sobre el rol.
3. **Incorporar el autocuidado en la agenda de liderazgo.** Atender de forma activa al bienestar físico, mental y emocional es una responsabilidad, no un lujo.
4. **Desmitificar el acto de pedir ayuda.** Solicitar acompañamiento no debilita la autoridad; por el contrario, la refuerza desde la humildad y la madurez.
5. **Fomentar vínculos personales dentro del equipo.** Conocer mejor a las personas con quienes se trabaja favorece

relaciones más auténticas y disminuye la percepción de aislamiento.

6. **Acceder a procesos de mentoría externa.** Estos espacios permiten compartir desafíos en entornos seguros y enriquecerse con nuevas perspectivas.

7. **Definir objetivos personales y profesionales con claridad.** Contar con un propósito definido ayuda a transitar los momentos difíciles con mayor foco y estabilidad.

8. **Rodearse de personas con experiencias afines.** Construir relaciones con otros profesionales que comprendan las complejidades del liderazgo ofrece contención emocional y estímulo intelectual.

El liderazgo no debería vivirse en silencio. Porque detrás de cada decisión difícil hay una persona que también siente, duda y necesita sostén. Reconocer esa vulnerabilidad no es un signo de debilidad, sino un acto de coraje. El coraje de liderar con humanidad, de pedir ayuda cuando se necesita, y de recordar que incluso quien guía, también merece ser acompañado.

Psicología del liderazgo: trauma, ego y heridas no integradas
Detrás del título de «líder» sigue existiendo un ser humano, con su historia y sus cicatrices invisibles. A veces, sin darnos cuenta, arrastramos al trabajo heridas emocionales del pasado: *traumas* grandes o pequeños, inseguridades, anhelos no satisfechos. Esas heridas no integradas pueden actuar como sombras que influyen en nuestra forma de liderar. Recuerdo un momento difícil de mi carrera en el que cada vez que alguien en mi equipo cuestionaba una decisión mía, yo sentía una reacción desproporcionada de enojo y ansiedad. ¿Por qué me dolía tanto una simple pregunta o sugerencia? Tras mucha reflexión, identifiqué el eco de una herida antigua: de niño me había sentido constantemente cuestionado e infravalorado, y sin notarlo había desarrollado la necesidad de tener siempre la razón para sentirme válido. Mi *ego*, esa voz in-

terna empeñada en protegerme, saltaba a la defensiva en cuanto percibía una posible crítica, como un erizo sacando espinas ante la más mínima amenaza.

El ego muchas veces es la armadura que el líder se pone para ocultar sus vulnerabilidades. Por fuera, podemos parecer seguros, incluso arrogantes; por dentro, quizá actuamos así porque tememos no ser suficientes o que descubran nuestras inseguridades. He conocido líderes cuya necesidad de controlarlo todo asfixiaba a sus equipos, y al indagar un poco descubrían un miedo profundo al caos originado en experiencias pasadas (a veces una infancia impredecible, otras un fracaso temprano que les dejó marcados). También he visto jefes implacables con los errores ajenos porque, en el fondo, no toleran sus propias imperfecciones: tal vez crecieron creyendo que equivocarse los hacía débiles, y han cargado con esa herida de *injusticia* o *rechazo* durante años. Cada herida emocional suele venir acompañada de una «máscara» que el ego utiliza para que el dolor no se note: la máscara de la perfección para ocultar el miedo a la crítica, la máscara de la autoridad inflexible para proteger a ese niño interior asustado, la máscara de la frialdad para no volver a sentir un rechazo.

El problema es que esas heridas no reconocidas terminan por *sangrar* sobre otros. Un líder que no ha sanado su trauma de abandono quizá delega poco y microgestiona, haciendo que su equipo se sienta sofocado. Quien carga con una herida de traición puede volverse excesivamente desconfiado y crear un clima donde nadie se atreve a hablar abiertamente. Nuestras partes no resueltas se filtran en nuestras decisiones, en nuestro estilo de comunicación y en la cultura que creamos a nuestro alrededor.

Como dice un viejo dicho: «Lo que no se repara, se repite». Si no atendemos esas partes doloridas de nuestra historia, corremos el riesgo de causar a otros algo parecido a lo que nos hirió a nosotros.

La buena noticia es que cada herida integrada puede convertirse en una fortaleza como líder. Integrar no significa que el dolor desaparezca *por arte de magia*, sino que dejamos de ignorarlo y empezamos a entenderlo. En mi caso, fue revelador darme cuenta de por qué me afectaban tanto ciertas situaciones; a partir de ahí, cada vez que sentía esa oleada de rabia o miedo al ser cuestionado, podía *pausar*, respirar y recordar: «esto no es contra mí, es mi herida antigua reaccionando». Con el tiempo, esa autoconciencia me permitió responder con más calma y apertura a las ideas de mi equipo. Donde antes había un jefe a la defensiva, empezó a emerger un líder más seguro y humilde, capaz de decir «no lo sé» o «me equivoqué» sin sentir que su valor como persona estaba en juego. Paradójicamente, al exponer mi vulnerabilidad con el equipo (admitiendo errores, escuchando *feedback* sincero) en lugar de perder autoridad, gané respeto auténtico. La gente confía más en quien se muestra humano que en quien pretende ser invencible.

Sanar o al menos hacer las paces con nuestros traumas es un proceso profundamente personal. Puede implicar buscar apoyo profesional o rodearse de mentores y amigos con quienes hablar honestamente. Implica perdonar y perdonarse, y practicar la *compasión* hacia uno mismo. Un líder que se comprende a sí mismo puede comprender mejor a los demás. Cuando integras tus heridas, desarrollas una empatía especial: notas cuando alguien de tu equipo reacciona desde su propio dolor, y en vez de juzgarlo duramente, sabes tenderle una mano. Tus cicatrices se vuelven fuentes de sabiduría en lugar de obstáculos. Un líder que ha enfrentado sus sombras es menos propenso a proyectarlas en el equipo; ya no necesita demostrar algo constantemente, porque ha hecho las paces con su propia historia.

Este tema me emociona especialmente porque reivindica el lado *profundamente humano* del liderazgo. Más allá de estrategias y objetivos, liderar es un acto que involucra el corazón. Atrevernos a mirar hacia adentro, a confrontar a ese «niño herido» que quizá aún llora en un rincón de nuestra alma, es un acto de valentía que transforma la forma en que guiamos a otros. Un líder que se sana a sí mismo puede sanar ambientes de trabajo tóxicos, porque rompe la cadena y ofrece en su lugar un espacio de confianza y crecimiento.

¿Qué heridas del pasado pueden estar susurrando en tu modo de liderar hoy? Identificarlas es el primer paso para evitar que tu ego tome las riendas en piloto automático. *Abrazar tu vulnerabilidad* no te hace débil; al contrario, te vuelve un líder más genuino y cercano. ¿Te atreves a iniciar ese viaje interior?

Si quieres aplicar esto, prueba con…
- Nombrar en voz alta (con alguien de confianza) una carga que llevas en silencio.
- Escribir una carta a ti mismo/a como líder: sin exigencias, solo comprensión.
- Buscar una red o persona con quien compartir la parte más humana del liderazgo.

Capítulo 10 —
El liderazgo del futuro:
presencia, propósito y personas

El liderazgo del futuro no será para quien más sabe, sino para quien mejor sabe estar. Sin embargo, Deloitte Global Human Capital Trends (2024) documenta una brecha alarmante: solo el 11 % de organizaciones considera que sus líderes están «muy preparados» para el futuro.

World Economic Forum Leadership Evolution Report (2024) confirma que el 87 % de organizaciones necesitará líderes fundamentalmente diferentes para 2030. Las competencias del futuro ya están definidas: adaptabilidad, empatía, pensamiento sistémico, inteligencia cultural y liderazgo digital.

Pero más allá de las habilidades técnicas, Deloitte Future of Leadership (2024) proyecta que el liderazgo distribuido aumentará 156 % para 2030, mientras UN Global Compact CEO Study (2024) establece que el 92 % de CEOs considera el liderazgo sostenible como factor de supervivencia.

Estar presente. Estar disponible. Estar al servicio del equipo. No bastará con liderar procesos: será igual de importante liderar relaciones. No se tratará solo de llegar a las metas, sino de cómo se llega y con quién se construye el camino.

En un mundo cambiante y emocionalmente exigente, el líder del futuro será, ante todo, una persona consciente, capaz de poner a las personas en el centro sin perder de vista la visión, la estrategia y la acción.

Porque aunque cambien los entornos, los modelos o las herramientas, hay algo que no cambiará: las personas seguirán necesitando sentirse vistas, escuchadas y valoradas. Y ahí será donde nacerá el liderazgo que de verdad importa.

1. Adaptabilidad y aprendizaje continuo

La capacidad de aprender, desaprender y volver a aprender será el músculo más importante del liderazgo. Los líderes del futuro tendrán que moverse con soltura en la incertidumbre, sin necesidad de tener todas las respuestas, pero con la firmeza de sostener a sus equipos en medio del cambio.

Prácticas clave:

1. Autoevaluaciones regulares: crear un hábito de reflexión que permita ajustar el rumbo sin perder la esencia.
2. Espacios formativos continuos: no solo para el equipo, también para el propio líder.
3. Fomentar el aprendizaje entre pares y la curiosidad como cultura compartida.

Un equipo que aprende junto se adapta junto. Y un líder que se forma constantemente inspira movimiento.

2. Liderazgo digital y uso estratégico de la tecnología

En el futuro, la tecnología no será un añadido: será el entorno natural del trabajo. El líder del futuro deberá integrar la inteligencia artificial, la automatización y la conectividad global sin perder lo más importante: el criterio humano.

La tecnología amplifica lo que ya somos. Si somos líderes conectados, conscientes y cercanos, la tecnología nos hará llegar más lejos sin perder la esencia.

3. Liderazgo humano y centrado en las personas

Cuando todo se acelera, lo humano es lo que marca la diferencia. El liderazgo del futuro será también emocional, porque cuidar el estado interno del equipo será tan importante como organizar el trabajo. Los líderes que de verdad transforman no son los que imponen, sino los que entienden. No son los que solo exigen, sino los que acompañan.

4. Diversidad, inclusión y colaboración

El futuro no será homogéneo. Será plural, híbrido y complejo. Y eso no es una amenaza: es una riqueza. El liderazgo deberá abrir espacio a la diferencia, no solo como valor ético, sino como estrategia de innovación y sostenibilidad.

¿Cómo fomentar equipos diversos y colaborativos?
1. Escuchar activamente sin filtros ni suposiciones.
2. Visibilizar todas las voces, especialmente las que no suelen hablar.
3. Traducir la inclusión en reglas concretas de convivencia, decisiones compartidas y celebración de la diferencia.

El líder del futuro será quien sepa construir vínculos y tender puentes. Porque la verdadera colaboración no nace de tolerar las diferencias, sino de valorarlas y darles espacio.

5. Propósito y valores

En un mundo que cambia constantemente, el propósito será el ancla que mantenga a los equipos unidos. Cuando todo se mueve, lo que dará estabilidad será el sentido que compartimos. El liderazgo del futuro tendrá que ofrecer una visión clara, conectada con los valores que la sociedad ya reclama.

Algunas preguntas que vale la pena hacerse como equipo:
1. ¿Qué huella queremos dejar?
2. ¿Estamos alineados entre lo que decimos y lo que hacemos?
3. ¿Nuestros valores se ven en nuestras decisiones diarias?

El propósito no se enseña con palabras: se demuestra con hechos. Y los líderes del futuro serán quienes den ejemplo de lo que promueven.

6. Resiliencia y agilidad

Nadie podrá liderar sin resiliencia. Pero no hablamos de aguantar sin romperse, sino de saber recuperarse con aprendizaje, con sentido, con humildad. Los líderes del futuro serán aquellos que no se aferran a lo que fue, sino que saben transformarlo en lo que puede ser.

Herramientas para cultivar resiliencia y agilidad:

1. Revisar y ajustar planes con frecuencia, sin miedo a cambiar de rumbo.
2. Hacer retrospectivas emocionales: ¿qué nos dolió, qué aprendimos, qué necesitamos?
3. Entrenar la flexibilidad como una fortaleza del equipo, no como una debilidad personal.

El liderazgo que necesitamos es firme, pero flexible. Capaz de dar estabilidad sin dejar de adaptarse a los cambios. Ya no se trata de destacar uno solo, sino de ayudar al equipo a crecer. No va de controlar, sino de dar autonomía con responsabilidad. Y no hace falta imponer autoridad: se nota en cómo se actúa, no en lo que se dice.

Será un liderazgo más tranquilo, más claro, más cercano. Menos preocupado por hacerlo perfecto, y más atento a estar presente de verdad. Y ahí, en esa presencia, estará lo importante.

Porque lo que recordarán las personas no serán tus títulos, ni tus métricas, ni tus discursos. Recordarán cómo se sintieron a tu lado. Qué parte de sí mismas se atrevieron a mostrar. Qué parte de su talento despertaron porque tú confiaste.

Porque el liderazgo del futuro no es algo que llegará mañana: empieza con lo que hacemos hoy, en cada decisión, en cada conversación y en la forma en que tratamos a las personas.

Liderazgo regenerativo: más allá de lo sostenible

Durante mucho tiempo, la sostenibilidad fue el gran objetivo en las organizaciones: mantener lo conseguido, evitar retrocesos y no agotar recursos. El liderazgo regenerativo va más allá. No se limita a sostener lo existente, sino que busca **renovar, recuperar la vitalidad y generar crecimiento**.

Un liderazgo de este tipo se centra en crear las condiciones para que las personas y los equipos no solo mantengan el nivel, sino que **avancen, se desarrollen y se fortalezcan**. Implica promover el aprendizaje constante, abrir espacios para la innovación y cuidar del bienestar como motor de rendimiento.

Mientras que la sostenibilidad se enfoca en evitar el desgaste, el liderazgo regenerativo pone la mirada en el futuro: construir equipos más resilientes, motivados y creativos, capaces de crecer incluso después de atravesar momentos de dificultad.

El liderazgo regenerativo también se refleja en cómo entendemos el impacto de nuestras decisiones a largo plazo. Un líder tradicional puede estar obsesionado con el trimestre actual; un líder regenerativo, en cambio, piensa en la *próxima década*. Sabe que cada decisión es una semilla plantada en tierra que dará frutos más adelante. Por ejemplo, en lugar de explotar el talento de un empleado hasta quemarlo (y tener que reemplazarlo al poco tiempo), prefiere nutrir sus habilidades, respetar sus ritmos y acompañar su desarrollo. Así esa persona seguirá aportando por mucho tiempo, incluso creciendo para tomar el relevo algún día. Del mismo modo, este enfoque se extiende al entorno: no basta con «no hacer daño» (como reducir emisiones o reciclar en la empresa), la idea es *hacer un bien activo*, quizás apoyando que la comunidad local prospere o regenerando allí donde antes hubo un perjuicio. Un líder regenerativo se pregunta: «¿Cómo puedo dejar este lugar mejor de lo que lo encontré?» Esa pregunta guía sus acciones cotidianas.

Adoptar este estilo de liderazgo supone un cambio de conciencia. Significa ver a la organización no como una máquina de resultados inmediatos, sino como un *sistema vivo* en el que las personas, la cultura y hasta el entorno forman un ecosistema interconectado. Cualquier cambio pequeño puede tener efectos en cadena. Por eso, el líder regenerativo practica la *visión sistémica*: antes de tomar una decisión, considera cómo afectará al bienestar del equipo, al clima de trabajo y hasta a los valores y misión a largo plazo. Y también implica un profundo conocimiento de uno mismo: requiere autoconocimiento y claridad de propósito para liderar pensando en el bien común y no solo en el beneficio rápido.

Hay una gran dosis de esperanza en el liderazgo regenerativo. Es creer que siempre es posible crecer a partir de las dificultades, que cada crisis puede ser terreno fértil para la innovación y el fortalecimiento. Es preguntarse constantemente: «*¿Qué más es posible?*» en lugar de resignarse con «que nada empeore». Esta mentalidad contagia al equipo: cuando un líder transmite ese compromiso de ir más allá de lo mínimo, de buscar que todos prosperemos juntos, las personas sienten que su trabajo trasciende la tarea diaria y realmente aporta a algo mayor.

Para mí, liderar de forma regenerativa se ha vuelto sinónimo de *cuidar con visión de futuro*. Es tener la paciencia del sembrador que tal vez no verá hoy mismo el árbol crecido, pero sabe que con el tiempo dará sombra y frutos. Es también experimentar la alegría de ver cómo otros se transforman para bien gracias a un entorno que nutre en vez de drenar. Al final, un líder regenerativo crea un legado vivo: equipos resilientes, proyectos prósperos y un impacto positivo que perdura.

¿En tu liderazgo cotidiano estás simplemente evitando causar daño, o estás creando las condiciones para que tu gente y tu entorno florezcan? ¿Qué pequeña acción podrías tomar hoy para *regenerar* la energía y la ilusión a tu alrededor?

El poder de la narrativa en el liderazgo

Todas las personas vivimos nuestras vidas a través de historias. Nos contamos a nosotros mismos quiénes somos y por qué hacemos lo que hacemos. Un líder consciente aprovecha ese poder de la narrativa para dar sentido al trabajo cotidiano y unir a su equipo en torno a un propósito común. No se trata de inventar cuentos ficticios, sino de revelar el significado que ya está presente en las tareas diarias.

La narrativa en liderazgo tiene la capacidad de inspirar y dar dirección. Un líder que comunica con historias consigue que las metas se sientan personales. No es lo mismo decir: «tenemos que aumentar un 10 % las ventas», que explicar: «cien familias más podrán resolver un problema concreto gracias a nuestro trabajo». Lo primero es un objetivo impersonal; lo segundo es una visión con rostros y contexto. Cuando compartes el porqué de las cosas a través de relatos, enciendes una chispa en la motivación de tu equipo.

Las historias también generan conexión emocional. Cuando un líder comparte una experiencia —como los errores que ha cometido en su carrera y las lecciones que ha extraído de ellos—, transmite un mensaje poderoso: equivocarse es inevitable, pero lo importante es lo que aprendemos de cada error. Este tipo de relatos no solo muestran cercanía y humanidad, también invitan al equipo a abrirse y a compartir sus propias vivencias. De ese intercambio surgen un lenguaje común, anécdotas colectivas y recuerdos compartidos que con el tiempo se convierten en parte de la cultura del equipo.

La narrativa, en definitiva, no es un adorno en la comunicación de un líder, sino una herramienta estratégica para dar sentido, cohesión y energía a las personas que lo rodean.

La narrativa no solo se comunica de forma hablada o escrita, también se transmite con símbolos, rituales y acciones que cuentan una historia sin palabras. Por ejemplo, cada vez que un líder celebra públicamente el esfuerzo de alguien aunque el resultado no haya sido el esperado, está contando la historia de que en este lugar se valora el crecimiento y la valentía por encima de la perfección. Si en las reuniones siempre se inicia compartiendo un testimonio de un cliente o un logro del equipo, el mensaje narrativo es «lo que hacemos importa y está marcando una diferencia».

En cambio, si un líder solo enfatiza números y señala fallos, la narrativa que cala (aunque no se diga explícitamente) es «lo único que importa aquí es la meta a cualquier costo». Seamos o no conscientes, siempre hay una narrativa en juego. Como líderes, tenemos la oportunidad y la responsabilidad de modelarla hacia algo constructivo y significativo.

¿Cuál es la historia que estás contando a tu equipo? No solo con tus discursos, sino con tus acciones diarias. ¿Sienten ellos que son protagonistas de una aventura con propósito, o meros peones cumpliendo órdenes sin contexto? Incluso en empresas pequeñas, incluso en proyectos breves, hay un relato esperando ser contado: el de un grupo de personas unidas logrando algo que solos no podrían. En última instancia, ese relato compartido es lo que queda en la memoria mucho después de que los detalles se olviden. Como dijo un sabio: «La gente olvidará lo que dijiste o hiciste, pero nunca cómo les hiciste sentir». Y las historias, más que cualquier dato, son las que hacen *sentir*.

Así que la próxima vez que enfrentes un reto con tu equipo, piensa: ¿Qué significado podemos darle? ¿Qué Capítulo de nuestra historia conjunta estamos escribiendo hoy? Si logras encontrar esa narrativa poderosa, tu liderazgo trascenderá las tareas del día a día y encenderá la imaginación y el corazón de quienes te rodean.

Si quieres aplicar esto, prueba con…
- Dibujar tu mapa del liderazgo ideal: ¿cómo sería tu equipo, tu energía, tu cultura?

- Preguntar al equipo: «¿Qué tipo de liderazgo queréis ver en mí dentro de cinco años?»
- Imaginar que tu empresa fuera una persona: **¿qué rasgos tendría?, ¿qué valores?, ¿cómo trataría a otros?**

Cierre: El equipo como legado: la huella invisible del liderazgo

No hay equipos perfectos. Hay equipos que se eligen cada día. Se eligen cuando deciden confiar una vez más, incluso después de una caída. Cuando eligen hablar claro en lugar de callar por comodidad. Cuando eligen colaborar, aunque sería más fácil hacerlo solos. Eso no lo hace la suerte. Lo hace el liderazgo.

Liderar un equipo no es solo cumplir objetivos, ni lograr resultados. Es construir algo que quede cuando tú ya no estés. Es dejar una huella en la forma en que las personas se tratan, en cómo se miran, en lo que creen posible.

Un buen líder no es quien tiene todas las respuestas, sino quien genera las preguntas que abren conversaciones valientes. No es quien controla cada detalle, sino quien confía en la inteligencia del grupo. No es quien impone, sino quien sostiene.

Porque al final, lo que queda no son los informes, ni los Power-Points, ni los números. Lo que queda es la experiencia de haber formado parte de un equipo donde uno se sintió escuchado, respetado, retado y valorado. Lo que queda es cómo hiciste sentir a las personas.

Ese es el verdadero legado: haber creado un lugar donde las personas se atrevieron a crecer. Donde no solo se trabajó, sino que se vivió una experiencia de construcción colectiva.

Y eso no se logra en un día. Se teje en lo cotidiano. En las preguntas antes de la reunión, en el «gracias» sincero, en la mirada que dice «confío en ti». Se teje en cómo reaccionas cuando algo sale mal. En cómo celebras los logros. En cómo estás cuando alguien te necesita.

Tu equipo es tu obra. No perfecta, pero sí viva. No libre de errores, pero llena de intención. Y si logras que ese equipo se elija una y otra vez, incluso en los días difíciles, entonces habrás liderado de verdad.

Porque liderar no es dejar huella en el suelo. Es dejarla en las personas.

Índice de preguntas clave

Este índice recoge algunas de las preguntas más potentes que aparecen a lo largo del libro, con el objetivo de invitarte a una reflexión profunda, honesta y práctica sobre tu forma de liderar:

1. ¿Qué parte de mí estoy trayendo al equipo cada día?
2. ¿Desde dónde estoy liderando hoy: desde el miedo, el control, el servicio o el propósito?
3. ¿Qué conversaciones estoy evitando tener y por qué?
4. ¿Me atrevo a mostrar mi vulnerabilidad ante el equipo?
5. ¿Cómo estoy cultivando la seguridad psicológica en mi entorno?
6. ¿Estoy escuchando de verdad o solo esperando para responder?
7. ¿Qué legado emocional estoy dejando en las personas con las que trabajo?
8. ¿Qué espacio dejo para que otros también lideren?
9. ¿Qué necesito soltar para permitir que mi equipo crezca?
10. ¿Qué creencias antiguas pueden estar limitando mi estilo de liderazgo?
11. ¿Cómo se siente ser liderado por mí?
12. ¿Qué heridas personales podrían estar influyendo en mi forma de dirigir?
13. ¿Estoy liderando como faro, como jardinero, como coach o como jefe?
14. ¿Qué historia estamos contando como equipo y qué papel estoy jugando en ella?

15. ¿Qué decisiones estoy tomando hoy que construyen el futuro que deseo ver?
16. ¿Estoy sosteniendo el equipo desde el ego o desde la presencia?
17. ¿Qué sentido tiene para mí seguir liderando?
18. ¿Qué parte de mi humanidad estoy dispuesto a poner al servicio de los demás?

Este índice no es un examen. Es una invitación. Una brújula que puedes consultar cuando te sientas perdido, desalineado o simplemente con ganas de mirar más profundo. Porque el liderazgo no empieza con una técnica... empieza contigo.

Glosario práctico de modelos y herramientas de liderazgo

Este anexo recoge de forma sintética los modelos, marcos y herramientas que han aparecido a lo largo del libro. No pretende ser un resumen exhaustivo, sino una guía práctica para tener a mano lo esencial: conceptos clave que puedes consultar rápidamente cuando necesites tomar una decisión, preparar una conversación o revisar la dinámica de tu equipo.

Úsalo como un mapa de referencia. Vuelve a él cuando te surjan dudas. Compártelo con tu equipo como base para conversaciones conscientes. Y sobre todo, adáptalo a tu realidad: porque cada equipo es distinto, y cada líder encuentra su forma única de aplicar lo aprendido.

Aquí encontrarás:

- Estructuras prácticas como DESC y CARE para dar *feedback* y sostener conversaciones difíciles.
- Los ciclos de desarrollo de equipos (Tuckman) y las disfunciones clave (Lencioni).
- Recomendaciones breves que refuerzan la claridad, la coherencia y la conexión humana.

Porque el liderazgo no se improvisa: se entrena, se conversa y se recuerda.

Y este glosario es una forma de sostener todo eso, incluso en los días más exigentes.

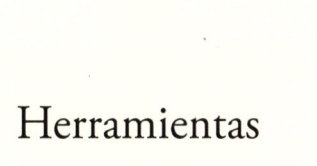

Herramientas
Prácticas de Liderazgo

Capítulo 1:
FUNDAMENTOS DEL LIDERAZGO

HERRAMIENTA 1.1: Brújula de Liderazgo Personal
Objetivo: Identificar tu estilo de liderazgo predominante
Instrucciones: Evalúa cada afirmación del 1 (nunca) al 5 (siempre)

Dimensión Autocrática:
- Tomo decisiones sin consultar al equipo cuando hay urgencia
- Establezco reglas claras y espero que se cumplan
- Prefiero supervisar directamente el trabajo de mi equipo

Dimensión Democrática:
- Busco consenso antes de tomar decisiones importantes
- Valoro las opiniones de todos los miembros del equipo
- Facilito espacios para que otros expresen ideas

Dimensión Transformacional:
- Inspiro a mi equipo con una visión de futuro
- Ayudo a las personas a ver el sentido de su trabajo
- Fomento el crecimiento personal de cada miembro

Dimensión Servicial:
- Priorizo las necesidades del equipo sobre las mías
- Actúo como facilitador más que como director
- Mi satisfacción viene del éxito de otros

Interpretación:
- Mayoría 4-5: Estilo predominante
- Mayoría 3: Estilo emergente
- Mayoría 1-2: Área de desarrollo

HERRAMIENTA 1.2: Canvas del Propósito de Liderazgo
Objetivo: Clarificar tu «por qué» como líder

Mi experiencia que me formó	Valores que no negocio	Impacto que quiero generar
Describe un momento clave que definió tu visión del liderazgo	*Lista 3-5 valores fundamentales*	*Define el legado que quieres dejar*

Mis fortalezas únicas	Lo que más me energiza	Mi propósito en una frase
Identifica 3-4 talentos distintivos	*Qué aspectos del liderazgo te motivan*	*«Lidero para...»*

Ejercicio de reflexión: Comparte este *canvas* con tu equipo y pídeles que hagan el suyo.

Capítulo 2:
AUTOCONOCIMIENTO

HERRAMIENTA 2.1: Detector de Sesgos del Líder
Objetivo: Identificar sesgos cognitivos en la toma de decisiones
Autoevaluación semanal (marca las situaciones que experimentaste):
- [ ] **Sesgo de confirmación**: Busqué información que confirmara mi opinión inicial
- [ ] **Efecto halo**: Juzgué el desempeño total por una característica específica
- [ ] **Sesgo de anclaje**: Me aferré demasiado a la primera información recibida
- [ ] **Sesgo de endogrupo**: Favorecí a personas «de mi círculo»
- [ ] **Falso consenso**: Asumí que otros pensaban como yo sin verificarlo

Plan de acción:
- Sesgo identificado: _____
- Situación específica: _____
- Estrategia para la próxima vez: _____

HERRAMIENTA 2.2: Mapeo de Triggers Emocionales
Objetivo: Reconocer patrones reactivos en el liderazgo
Instrucciones: Durante una semana, registra:

Día	Situación disparadora	Emoción sentida	Reacción automática	Reacción deseada
Lunes				
Martes				
Miércoles				
Jueves				
Viernes				

Análisis de patrones:
- ¿Qué situaciones se repiten?
- ¿Qué emociones aparecen más frecuentemente?
- ¿Cuál es tu reacción automática más común?

Estrategia PAUSA:
- **P**arar la reacción automática
- **A**ceptar la emoción sin juzgarla
- **U**bicar la respuesta más adecuada
- **S**eleccionar conscientemente la acción
- **A**ctuar desde la intención, no desde la reacción

Capítulo 3:
COMUNICACIÓN

HERRAMIENTA 3.1: Protocolo DESC para Conversaciones Difíciles

Objetivo: Estructurar feedback constructivo y conversaciones complejas

D - DESCRIBIR (hechos objetivos): «He observado que...» «Los datos muestran que...» «En la reunión de ayer...»

E - EXPRESAR (impacto emocional): «Me siento... cuando esto ocurre porque...» «El efecto en el equipo es...» «Mi preocupación es...»

S - SUGERIR (alternativas específicas): «Me gustaría que consideraras...» «Una alternativa podría ser...» «¿Qué opinas de intentar...?»

C - CONSECUENCIAS (acuerdos y seguimiento): «Si hacemos esto, conseguiremos...» «¿Podemos acordar que...?» «¿Cuándo podemos revisar cómo va?»

Plantilla de preparación: Antes de la conversación, completa:
- Descripción objetiva: _____
- Mi emoción/preocupación: _____
- Sugerencia específica: _____
- Acuerdo deseado: _____

HERRAMIENTA 3.2: Matriz de Estilos de Comunicación del Equipo

Objetivo: Adaptar tu comunicación a cada miembro del equipo

Miembro del equipo	Estilo predominante	Cómo prefiere recibir feedback	Cómo motivarlo mejor	Qué evitar
[Nombre]	Directo/ Analítico/ Expresivo/ Amable			
[Nombre]	Directo/ Analítico/ Expresivo/ Amable			
[Nombre]	Directo/ Analítico/ Expresivo/ Amable			

Guía rápida de estilos:
- **Directo**: Comunicación concisa, orientada a resultados
- **Analítico**: Información detallada, tiempo para procesar
- **Expresivo**: Interacción dinámica, reconocimiento público
- **Amable**: Enfoque personal, ambiente de confianza

HERRAMIENTA 3.3: Checklist de Comunicación No Verbal

Objetivo: Asegurar coherencia entre mensaje verbal y corporal

Antes de conversaciones importantes, revisa:
- ☐ **Postura**: Abierta, relajada pero atenta
- ☐ **Contacto visual**: Presente pero no intimidante (70 % del tiempo)
- ☐ **Tono de voz**: Calmado, claro, apropiado para el mensaje
- ☐ **Gestos**: Naturales, que apoyen el mensaje
- ☐ **Proximidad**: Respetuosa, adecuada para la cultura del equipo
- ☐ **Expresión facial**: Congruente con el contenido
- ☐ **Ritmo**: Pausado, permite procesamiento

Ejercicio práctico: Grábate en video durante 5 minutos explicando un concepto importante. Analiza tu comunicación no verbal sin sonido.

Capítulo 4:
SEGURIDAD PSICOLÓGICA

HERRAMIENTA 4.1: Termómetro de Seguridad Psicológica
Objetivo: Medir el nivel de seguridad psicológica en tu equipo
Encuesta anónima para el equipo (escala 1-5):

Dimensión: Inclusión
- Me siento aceptado/a tal como soy en este equipo
- Puedo expresar mi personalidad auténtica en el trabajo
- Las diferencias se valoran en lugar de tolerarse

Dimensión: Aprendizaje
- Puedo hacer preguntas sin temor a parecer incompetente
- Los errores se tratan como oportunidades de aprendizaje
- Se me permite experimentar y fallar

Dimensión: Contribución
- Mis ideas y opiniones son valoradas
- Siento que mi trabajo marca la diferencia
- Tengo voz en las decisiones que me afectan

Dimensión: Desafío
- Puedo cuestionar el *status quo* sin represalias
- Se me anima a proponer mejoras

- Las críticas constructivas son bienvenidas

Interpretación:
- 4.0-5.0: Excelente seguridad psicológica
- 3.0-3.9: Buena, con oportunidades de mejora
- 2.0-2.9: Necesita atención inmediata
- 1.0-1.9: Crisis de seguridad psicológica

HERRAMIENTA 4.2: Kit de Primeros Auxilios Psicológicos
Objetivo: Protocolo para gestionar situaciones que dañan la seguridad psicológica

Cuando alguien comete un error público:
1. **No reaccionar inmediatamente** - Toma tres respiraciones profundas
2. **Conversación privada** - «Hablemos después de la reunión»
3. **Marco de aprendizaje** - «¿Qué podemos aprender de esto?»
4. **Apoyo público** - «Todos cometemos errores, lo importante es crecer»

Cuando hay una idea «extraña» o desafiante:
1. **Agradecimiento inicial** - «Gracias por compartir esa perspectiva»
2. **Exploración genuina** - «Ayúdame a entender mejor tu propuesta»
3. **Construcción colaborativa** - «¿Cómo podríamos desarrollar esta idea?»

Cuando alguien expresa vulnerabilidad:
1. **Validación emocional** - «Entiendo que esto es importante para ti»
2. **Confidencialidad** - «Aprecio que compartas esto conmigo»
3. **Apoyo específico** - «¿Cómo puedo ayudarte?»

Capítulo 6:

EQUIPOS DE ALTO RENDIMIENTO

HERRAMIENTA 6.1: Diagnóstico de Madurez del Equipo
Objetivo: Identificar la etapa de desarrollo y adaptar el liderazgo
Evalúa tu equipo en cada dimensión (1=Bajo, 5=Alto):

Dimensión	Puntuación	Evidencias
Confianza mutua	__/5	
Gestión sana de conflictos	__/5	
Compromiso con decisiones	__/5	
Responsabilidad compartida	__/5	
Foco en resultados colectivos	__/5	
Total:	__/25	

Interpretación y acciones:
- **20-25**: Equipo de alto rendimiento - Mantener y escalar
- **15-19**: Equipo funcional - Pulir áreas específicas
- **10-14**: Equipo en desarrollo - Intervención estructurada
- **5-9**: Equipo disfuncional - Rediseño fundamental

HERRAMIENTA 6.2: Mapa de Fortalezas del Equipo

Objetivo: Optimizar la contribución individual para el rendimiento colectivo

Matriz de talentos del equipo:

Miembro	Fortaleza principal	Zona de genio	Energizadores	Drenadores	Rol ideal en proyectos
[Nombre]					
[Nombre]					
[Nombre]					

Análisis de complementariedad:
* ¿Qué fortalezas están duplicadas?
* ¿Qué vacíos tenemos como equipo?
* ¿Cómo podemos combinar talentos para maximizar resultados?

Ejercicio grupal: Que cada miembro identifique la fortaleza única de los demás y cómo le gustaría colaborar con cada uno.

HERRAMIENTA 6.3: Ritual de Retrospectiva «4Ls»

Objetivo: Crear aprendizaje continuo y mejora del equipo

Cada mes/proyecto, dedica 45 minutos a revisar:

LOVED (Amamos):
* ¿Qué funcionó excepcionalmente bien?
* ¿Qué comportamientos queremos repetir?
* ¿De qué estamos orgullosos como equipo?

LEARNED (Aprendimos):
- ¿Qué descubrimientos hicimos?
- ¿Qué habilidades desarrollamos?
- ¿Qué *insights* cambiaron nuestra perspectiva?

LACKED (Nos faltó):
- ¿Qué recursos o información necesitábamos?
- ¿Qué habilidades debemos desarrollar?
- ¿Qué apoyo requiere el equipo?

LONGED FOR (Deseamos):
- ¿Qué cambios queremos para el próximo período?
- ¿Cómo podemos mejorar nuestra colaboración?
- ¿Qué experimentos queremos probar?

Plan de acción: De cada L, selecciona uno o dos elementos para implementar inmediatamente.

HERRAMIENTAS TRANSVERSALES
DASHBOARD DEL LÍDER CONSCIENTE
Objetivo: Monitoreo semanal de tu liderazgo

Revisa cada viernes:

Dimensión	Esta semana (1-5)	Evidencia específica	Acción para próxima semana
Presencia	__/5	¿Estuve presente en conversaciones?	
Escucha	__/5	¿Escuché más de lo que hablé?	
Vulnerabilidad	__/5	¿Mostré humanidad apropiada?	

Dimensión	Esta semana (1-5)	Evidencia específica	Acción para próxima semana
Desarrollo de otros	__/5	¿Ayudé a crecer a alguien?	
Decisiones conscientes	__/5	¿Decidí desde valores o presión?	

Pregunta de reflexión semanal: «¿Cómo se sintió ser liderado por mí esta semana?»

PROTOCOLO DE CRISIS DE LIDERAZGO

Objetivo: Guía rápida para momentos de alta presión
Cuando te sientes desbordado/a:
PARAR (2 minutos):
- Respira 4-7-8 (inhala 4, retén 7, exhala 8) x3
- Pregúntate: «¿Qué necesita el equipo ahora?»

PRIORIZAR (5 minutos):
- ¿Qué es urgente vs importante?
- ¿Qué solo puedo decidir yo vs qué puede delegar?
- ¿Qué información crítica me falta?

COMUNICAR (5 minutos):
- Informa al equipo sobre el estado de situación
- Clarifica roles y expectativas inmediatas
- Establece próximo punto de contacto

ACTUAR (tiempo necesario):
- Ejecuta una acción a la vez
- Mantén comunicación regular con el equipo
- Revisa y ajusta según nuevos datos

Lista de contacto de crisis:
- Mentor/Coach: _____
- Jefe/Superior: _____
- Par de confianza: _____
- Equipo clave: _____

MÉTRICAS DE IMPACTO SUGERIDAS
Para incluir en cada Capítulo:
Autoconocimiento:
- % de decisiones tomadas desde valores vs presión
- Tiempo promedio de reacción vs respuesta
- Feedback 360° trimestral

Comunicación:
- Net Promoter Score de comunicación interna
- % de conversaciones difíciles abordadas a tiempo
- Nivel de claridad percibida (encuesta equipo)

Seguridad Psicológica:
- Índice de participación en reuniones
- Número de ideas/sugerencias per cápita
- Rotación voluntaria del equipo

Equipos:
- Tiempo de resolución de conflictos
- Nivel de confianza mutua (encuesta)
- Alcance de objetivos colectivos

IMPLEMENTACIÓN GRADUAL
Semana 1-2: Brújula de Liderazgo + Dashboard semanal **Semana 3-4:** Detector de sesgos + Mapeo de *triggers* **Semana 5-6:** Protocolo DESC + Matriz de estilos **Semana 7-8:** Termómetro

seguridad psicológica **Semana 9-10**: Diagnóstico madurez equipo **Semana 11-12**: Integración y personalización

Objetivo: No implementar todo de una vez, sino construir gradualmente tu sistema personal de liderazgo consciente.

Método CARE ~- Actitud ante conversaciones difíciles

- Cuidado
- Aceptación
- Respeto
- Empatía

Las 5 disfunciones de Lencioni

Disfunción	Qué genera	Antídoto
Ausencia de confianza	Miedo a mostrarse vulnerables	Vulnerabilidad del líder, espacios seguros
Miedo al conflicto	Conversaciones superficiales	Normalizar el disenso
Falta de compromiso	Acuerdos débiles	Claridad, decisiones compartidas
Evasión de responsabilidades	Baja exigencia y frustración	Feedback horizontal, acuerdos de equipo
Falta de atención a resultados	Egos y prioridades dispersas	Objetivos comunes, cultura del logro

El Modelo de Tuckman: Las 5 Fases del Desarrollo de Equipos

El modelo de Tuckman es una herramienta fundamental para comprender cómo evolucionan los equipos desde su formación hasta su disolución. A lo largo de cinco etapas distintivas, los equipos maduran y alcanzan su máximo rendimiento, siempre que el liderazgo se adapte apropiadamente a cada fase.

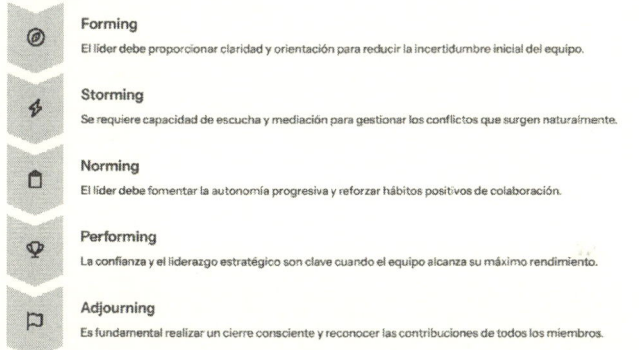

Forming
El líder debe proporcionar claridad y orientación para reducir la incertidumbre inicial del equipo.

Storming
Se requiere capacidad de escucha y mediación para gestionar los conflictos que surgen naturalmente.

Norming
El líder debe fomentar la autonomía progresiva y reforzar hábitos positivos de colaboración.

Performing
La confianza y el liderazgo estratégico son clave cuando el equipo alcanza su máximo rendimiento.

Adjourning
Es fundamental realizar un cierre consciente y reconocer las contribuciones de todos los miembros.

Herramientas para conversaciones difíciles

- Bitácora emocional
- Preguntas abiertas de inicio:
  «Quiero hablar contigo de algo importante...»
  «¿Podemos hablar un momento?»
- Mini guía de 6 pasos:
  1. Preparación emocional
  2. Contexto adecuado
  3. Intención clara
  4. Descripción objetiva
  5. Escucha activa
  6. Cierre con compromiso

Modelo DESC: La Clave para un Feedback Construtivo

El modelo DESC proporciona una estructura eficaz para ofrecer feedback constructivo entornos profesionales, evitando conflictos y promoviendo el crecimiento mutuo.

Describe el hecho Comunica objetivamente la situación o comportamiento específico, sin juicios ni interpretaciones personales.	**Expresa tus sentimientos** Manifiesta el impacto emocional que tiene la situación sobre ti o el equipo, utilizando "yo" en lugar de "tú".	**Sugiere alternativas** Propón soluciones concretas o comportamientos alternativo que podrían mejorar la situación.	**Concreta un acuerdo** Establece compromisos claros sobre los cambios acordados y define cuándo y cómo se evaluarán.

Implementar este modelo en tus comunicaciones profesionales te permitirá abordar situaciones difíciles con mayor asertividad, mantener relaciones laborales y contribuir al desarrollo profesional de tu equipo.

Checklist para una comunicación Consciente y Efectiva

Una comunicación efectiva no es producto del azar, sino de hábitos conscientes que podem cultivar diariamente. Estos seis elementos conforman la base de una comunicación que construye puente en lugar de barreras.

Escucha sin interrumpir	Ajusta tu mensaje según el receptor	Verifica la comprensión
Presta atención plena a tu interlocutor, evitando preparar tu respuesta mientras habla. La escucha activa demuestra respeto y facilita una comprensión más profunda	Personaliza tu comunicación considerando el estilo, conocimientos y preferencias de quien te escucha. No todos procesamos la informaciçon de la misma manera.	Confirma que tu mensaje ha sido entendido correctamente, especialmente en temas complejos o importantes. Un simple "¿Me he explicado con claridad?" puede evitar malentendidos.

Ofrece feedback respetuoso	Usa el silencio con intención	Mantén coherencia entre palabras y acciones
Comunica tus observaciones de manera constutiva, enfocándote en comportamienos específicos y no en la persona. Una feedback adecuado fortalece relaciones y fomenta el crecimineto	Aprende a valorar las pausas como herramientas comunicativas. El silencio da espacio para la reflexión y puede comunicar más que las palabras.	Asegura que tus acciones refuercen tu mensaje verbal. La incongruencia entre lo que dices y haces socava tu credibilidad y genera confusión.

Fuentes consultadas

Carlyle, T. (1841). *On Heroes, Hero-Worship, and the Heroic in History.*

Stogdill, R. M. (1948). *Personal Factors Associated with Leadership: A Survey of the Literature.*

Fiedler, F. E. (1967). *A Theory of Leadership Effectiveness.*

Burns, J. M. (1978). *Leadership.*

Bass, B. M. (1985). *Leadership and Performance Beyond Expectations.*

Goleman, D. (1995). *Emotional Intelligence.*

Goleman, D., Boyatzis, R., & McKee, A. (2002). *Primal Leadership: Realizing the Power of Emotional Intelligence.*

Spillane, J. P. (2006). *Distributed Leadership.*

Sinek, S. (2009). *Start with Why: How Great Leaders Inspire Everyone to Take Action.*

Havard, A. (2007). *Virtuous Leadership: An Agenda for Personal Excellence.*

Kurtz, C. F., & Snowden, D. J. (2003). *The new dynamics of strategy: Sense-making in a complex and complicated world.*

IBM Systems Journal.

Holling, C. S. (1973).
Resilience and Stability of Ecological Systems.
Annual Review of Ecology and Systematics.

Dweck, C. (2006).
Mindset: The New Psychology of Success.

Kotter, J. P. (1996).
Leading Change.

Bridges, W. (1991).
Managing Transitions: Making the Most of Change.

Laloux, F. (2014).
Reinventing Organizations.

Jamais Cascio (2020).
Facing the Age of Chaos — BANI vs. VUCA.

Scharmer, O. (2009).
Theory U: Leading from the Future as It Emerges.

Edmondson, A. C. (1999).
Psychological Safety and Learning Behavior in Work Teams.
Administrative Science Quarterly.

Edmondson, A. C. (2018).
The Fearless Organization: Creating Psychological Safety in the Workplace for Learning, Innovation, and Growth.
Wiley.

Clark, T. R. (2020).
The 4 Stages of Psychological Safety: Defining the Path to Inclusion and Innovation.
Berrett-Koehler Publishers.

Brown, B. (2012).
Daring Greatly: How the Courage to Be Vulnerable Transforms the Way We Live, Love, Parent, and Lead.
Gotham Books.

Schein, E. H. (2013).
Humble Inquiry: The Gentle Art of Asking Instead of Telling.
Berrett-Koehler Publishers.

Goleman, D. (1998).
Working with Emotional Intelligence.
Bantam Books.

Pink, D. H. (2009).
Drive: The Surprising Truth About What Motivates Us.
Riverhead Books.

Buckingham, M., & Clifton, D. O. (2001).
Now, Discover Your Strengths.
The Free Press.

Seligman, M. E. P. (2002).
Authentic Happiness.
Free Press.

Drucker, P. F. (1999).
Management Challenges for the 21st Century.
HarperBusiness.

Cameron, K. S., & Quinn, R. E. (2011).
Diagnosing and Changing Organizational Culture.
Jossey-Bass.

Gallup.
State of the Global Workplace reports.

Harvard Business Review (2012).
The Lonely Office: Being the Boss Is More Isolating Than Ever — Here's What to Do About It.

Forbes Argentina (2023).
La soledad del líder existe: cinco técnicas de inteligencia emocional para superarla.

Esade DoBetter (2021).
La soledad del liderazgo.

Peña, M. (2024).
El arte de subir (y bajar) la montaña: Cosas que aprendí sobre la dimensión humana del liderazgo.
Siglo XXI Editores.

Alarcón, C. (2023).
Verdades sobre la soledad del líder.
LinkedIn.

El País.
(2024, septiembre 25).
El bienestar mental de los políticos es un riesgo para la democracia.

Alemany, J. (2021).
Liderazgo Imperfecto.
LID Editorial.

Ríos, I. (2022).
Equipos motivados, equipos productivos.
Empresa Activa.

Leoncini, P. (2019).
El arte de liderar con propósito.
Editorial Conecta.

Leoncini, P. (2021).
Liderazgo consciente: una guía para transformar tu empresa desde dentro.
Plataforma Editorial.

Sinek, S. (2009).
Start with Why: How Great Leaders Inspire Everyone to Take Action.

Sinek, S. (2014).
Leaders Eat Last: Why Some Teams Pull Together and Others Don't.

Sinek, S. (2019).
The Infinite Game.

Maxwell, J. C. (1998).
The 21 Irrefutable Laws of Leadership.
Thomas Nelson.

Maxwell, J. C. (2007).
The 360 Degree Leader: Developing Your Influence from Anywhere in the Organization.
Thomas Nelson.

Maxwell, J. C. (2011).
Everyone Communicates, Few Connect: What the Most Effective People Do Differently.
Thomas Nelson.

Índice